롤모델시리즈
어린이판

나의 롤모델은 스티브 잡스

상상을 현실로 만든 꿈의 에너지

지음 _ 이혜경

중앙대학교 문예창작학과를 졸업하고 〈동아일보〉 신춘문예 소설 부문으로 등단했습니다. 역사와 미술 분야에 관심을 갖고 꾸준히 공부하면서, 어린이·청소년 책을 쓰고 기획하고 있습니다. 그동안 어린이들을 위해 《이야기 조선왕조오백년사》《세계 문명 이야기》《나를 지혜롭게 만드는 숨은 이야기》 등의 책을 엮고, 《동생의 비밀상자》《땅꼬마 아빠와 다섯 천사들》《꼭 잡아》《I WISH》 등을 지었습니다.

그림 _ 김미규

단국대학교를 졸업하고 한국출판미술협회 회원으로 활동하고 있습니다. 『나.飛』 회원으로 작품 활동을 하고 있으며, 그린 책으로 《신랑감을 찾습니다》《프롬이 들려주는 사랑이야기》《엄마와 함께하는 놀이동요》《뚝! 떨어졌어요》《사자와 이발사》《아름다운 섬 제주도에 가자》《헬렌켈러》《세계의 축제가 팡팡!》《호호마을에 가게가 생겼어요》《변신모자 써볼까?》 등이 있습니다.

책과 함께 있다면 그곳이 어디이든 서재입니다.
집에서든, 지하철에서든, 카페에서든 좋은 책 한 권이 있다면 독자는 자신만의 서재를 꾸려서 지식의 탐험을 떠날 수 있습니다. 좋은 책이란, 시대와 세대를 초월해 지식과 감동을 대물림하고, 다양한 연령들의 소통을 가능케 하는 힘이 있습니다. 움직이는 서재는 공간의 한계, 시간의 장벽을 넘어선 독서 탐험의 동반자가 되겠습니다.

나의 롤모델은
스티브 잡스

상상을 현실로 만든 꿈의 에너지   이혜경 자음 | 김미규 그림

자녀가 행복해지기를 바라는 부모님께

　부모들은 항상 자녀들이 행복하기를 바랍니다.
　행복에 대한 정의는 다양합니다. 하지만 우리는 압니다. 삶이 행복한지 아닌지는 자기 자신이 가장 잘 안다는 것을 말입니다. 그리고 자신이 좋아하고 원하는 일을 할 때 가장 행복한 삶을 살게 된다는 것을 압니다.
　그런데 그런 삶을 사는 사람은 많지 않습니다. 웬만한 신념이 없으면 원하든 원하지 않든 경쟁의 대열에서 자기 자신을 잃고 달려가는 시대입니다. 우리가 자랐던 시대보다 경쟁의 강도가 훨씬 세졌고 꿈이 없는 아이들도 점점 늘어나고 있습니다. '꿈 많던 시절'이란 말이 사라지고 있는 거죠.
　우리 아이들이 다시 꿈을 꿀 수 있었으면 좋겠습니다. 그러기 위해서는 부모부터 변해야 합니다. '네가 잘되기를, 네가 행복하기를 바라기' 때문이라는 이유로 아이들의 꿈의 크기를 결정하는 것은 아닌지 깊이 들여다보았으면 합니다.

많은 부모들이 "우리 아이는 딱히 좋아하는 게 없어. 뭐 재능 있는 애들이나 꿈을 키워 가는 거지. 공부밖에 할 게 없으니 공부라도 열심히 해야지"라고 말합니다. 그런데 과연 우리는 우리 아이들에게 자신이 무엇을 좋아하는지 스스로 느끼고 알 수 있도록 기회를 충분히 주었을까요?

우리 아이들이 좋아하는 일을 스스로 찾고 그 일을 통해 꿈을 키울 수 있기를, 그리하여 행복한 아이에서 행복한 어른으로 성장할 수 있었으면 좋겠습니다.

스티브 잡스는 창의적인 사람으로 다섯 손가락에 꼽힙니다. 그가 창의적인 사람일 수 있었던 것은 학교 성적이 좋았다거나 명문 대학의 명문 학과에서 공부해서가 아닙니다. 바로 자신이 좋아하는 일을 했기 때문입니다.

창의력을 키우는 학원에 보낸다고 아이의 창의력이 향상되는 것은 아닙니다. 자신이 좋아하는 일, 스스로 매달리게 되는 일을 하다 보면 창의적인 사고를 하게 되고 창의적인 사람이 될 것입니다. 그리고 행복한 삶을 살게 될 것입니다. 좋은 대학, 좋은 직장이 최고이자 유일한 행복의 조건이라는 생각은 삶을 불행하게 만들 수 있습니다.

창의력으로 세상을 바꾼 스티브 잡스의 경우, 아주 어렸을 때부터 좋아하는 일을 맘껏 할 수 있도록 부모가 지원해 주었습니다. 자신이 좋아하는 일을 할 때 균형 있는 어른으로 자랄 것이고, 나아가 창의적인 삶을 살며 자신의 꿈을 이루게 될 것입니다. 그러면 당연히 행복하겠지요.

이 책을 읽는 아이는 자신이 좋아하는 일을 알고 좋아하는 일을 하는 것이 얼마나 행복한 것인지 느끼게 될 것입니다. 아이와 함께 스티브 잡스의 삶을 들여다보면서 자녀의 꿈을 응원해 주세요.

꿈을 키워 나갈 어린이들에게

어린이 여러분, 여러분은 어떤 꿈을 갖고 있나요?

요즘 많은 어린이들이 연예인을 꿈꿉니다. 물론 연예인도 좋습니다. 어떤 일을 하느냐는 중요한 문제가 아니니까요.

어린이 여러분, 이 세상에는 우리가 할 수 있는 일들이 참 많아요. 그런데 여러분의 꿈이 다양하지 않고 몇 가지에만 집중되어 있는 것 같아 안타깝습니다.

꿈을 갖고 그 꿈을 이루기 위해 노력하는 사람은 행복하답니다. 그런데 꿈이 뭔지 모르겠다고요? 꿈은 거창하거나 특별한 것이 아닙니다. 그저 자신이 좋아하는 일을 하는 것이지요.

스스로 무엇을 좋아하는지 아는 것부터 시작하세요. 좋아하는 일을 자꾸 하다 보면 꿈이 생긴답니다. 그리고 꿈을 이루기 위해 노력하면 창의적인 사람이 되고 그 꿈을 이룰 수도 있어요. 바로 스티브 잡스가 그랬듯이 말입니다.

애플이라는 세계적인 기업의 창업자이자 죽고 난 후에도 창작의 아이콘이 된 스티브 잡스가 세상을 뒤흔들 수 있었던 이유는 창의적인 생각을 하고 그 생각을 실천에 옮겼기 때문입니다. 그런데 어떻게 하면 창의적인 생각을 하게 되는 걸까요? 그 답은 바로 여러분이 좋아하는 일을 하는 겁니다.

스티브 잡스는 어렸을 때부터 기계를 뜯어보는 것을 좋아했어요. 그래서 컴퓨터를 좋아하게 되었고, 세상을 바꿀 컴퓨터를 만들겠다는 꿈을 품게 되었습니다.

어린이 여러분이 하고 싶은 걸 하려면 무엇이 필요할까요? 공부를 잘해야 할까요? 운동을 잘해야 할까요? 물론 공부도 필요하고 건강한 몸도 필요하지요. 그런데 가장 필요한 것은 자신감과 용기입니다.

언제나 열정을 가지고 최선을 다했던 스티브 잡스는 늘 즐겁게 일을 했습니다. 자신이 하고 싶은 일을 했으니까요. 스티브 잡스는 누가 뭐래도 자신이 좋아하는 일을 했고, 나아가 그 일이 세상 사람들을 행복하게 해 주기를 바랐습니다. 그래서 그는 사람들의 삶을 변화시켰고, 죽고 난 후에도 사람들의 마음속에 영원히 남게 되었어요.

어린이 여러분도 호기심을 가지고 세상을 보세요. 자신감과 용기를 가지고 좋아하는 일에 도전하세요. 다른 사람들의 눈에 어떻게 보일지는 신경 쓰지 마세요. 자신이 좋아하는 일을 하고 꿈을 이루기 위해 최선을 다하도록 해요. 그러면 우리 모두 스티브 잡스처럼 될 수 있답니다.

이 책이 어린이 여러분에게 새로운 나침반이 될 수 있기를 바랍니다. 스티브 잡스의 호기심과 실천력, 그리고 끈기를 보고 어린이 여러분도 그렇게 했으면 하는 바람이에요.

차례

- 자녀가 행복해지기를 바라는 부모님께 4
- 꿈을 키워 나갈 어린이들에게 7

호기심 많은 엉뚱하고 기발한 소년

1 라디오에서 어떻게 사람 목소리가 나올까 16
2 꿈을 응원해 준 고마운 부모님 24
3 엔지니어 아저씨들과 힐 선생님 34
4 컴퓨터를 처음 보다 44 | 5 학교 다니기 싫어 51

좋아하는 것을 좇아 상상하다

6 하고 싶은 걸 하려면 자신감과 용기가 필요해 58
7 스티브, 워즈니악을 만나다 64
8 블루박스를 만들다 70 | 9 대학 공부가 전부는 아니야 79
10 아타리에 취직하다 86

도전 정신 하나로 애플사를 설립하다

11 개인용 컴퓨터에서 답을 찾다 94
12 사업을 하는 거야 103
13 차고에서 탄생한 애플컴퓨터 I 110
14 미래를 내다본 애플컴퓨터 II의 등장 120

창의적인 생각으로 늘 새롭게 사는 거야

15 애플사에서 할 수 있는 일이 없어 130
16 열정으로 만든 새로운 왕국 넥스트 140
17 영화 제작자로 성공하다 145
18 애플을 되살려야 해 153

더 좋은 세상을 만들 거야

19 아이팟, 아이튠즈, 그리고 음악 혁명 **162**
20 죽음의 문턱에서 내 삶을 돌아보게 되었어 **168**
21 전 세계가 아이폰에 열광하다 **175**
22 병도 새로운 세상을 향한 내 꿈을 막을 수 없어 **179**
23 스티브 잡스, 당신은 영원히 기억될 거예요 **186**

부록

- 더 알고 싶어요 ❶ 스티브 잡스가 세상을 바꾼 물건들 **194**
- 더 알고 싶어요 ❷ IT 분야에서 성공한 사람들 **203**
- 더 알고 싶어요 ❸ 스탠퍼드 대학 졸업 연설문 **208**

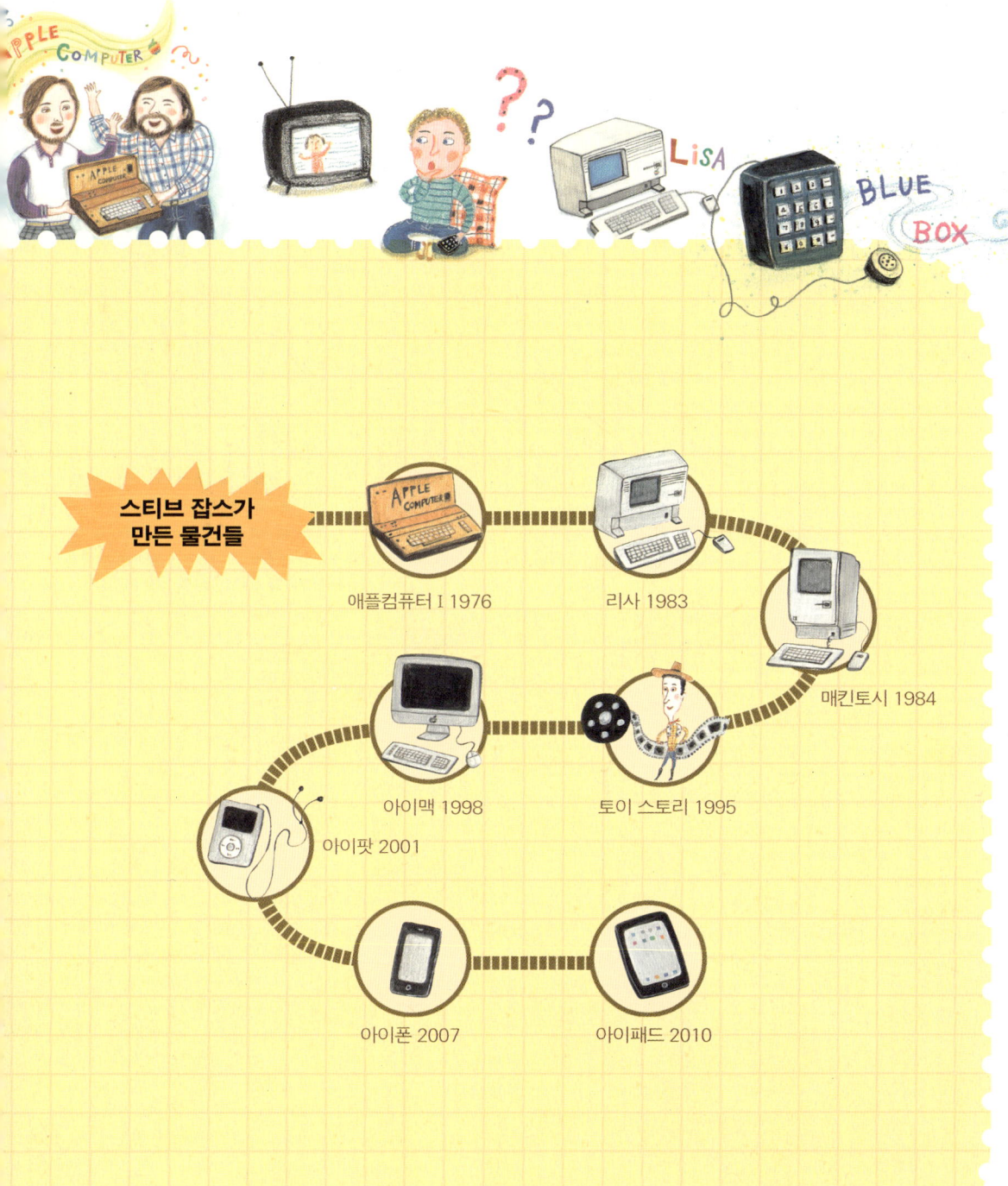

PART 1

호기심 많은 엉뚱하고 기발한 소년

1
라디오에서 어떻게 사람 목소리가 나올까

"이 라디오 어떻게 할 거예요? 이게 얼마나 비싼 라디오인지 알아요? 당장 새로 사 주든지 고쳐 주세요!"

이웃집 아주머니는 굉장히 화가 난 목소리였다. 아주머니 손에는 누가 뜯어놨는지 속이 다 드러난 라디오가 들려 있었다. 그리고 아주머니 옆에는 고개를 푹 숙인 스티브가 서 있었다.

"아유, 정말 죄송합니다. 당장 고쳐 드리든지, 새로 사 드릴게요. 화 푸세요."

스티브 엄마는 머리를 몇 번이고 조아리며 이웃집 아주머니에게 사과했다. 그때마다 스티브의 머리는 점점 아래로 숙여졌다.

"나도 화를 내고 싶진 않지만, 이건 너무하잖아요. 아무튼 이웃 사이에 목소리를 더 높일 수도 없으니 빠른 시간 내에 해결해 주세요."

아주머니는 라디오를 스티브 엄마 손에 쥐여 주고는 휑 하니 돌아서 가 버렸다.

라디오를 쳐다보던 스티브 엄마는 한숨을 길게 내쉬었다. 그러고 나서 "어서 들어와!"라고 말하고는 먼저 집 안으로 들어갔다.

"도대체 너 왜 그러니? 이제 다른 집 물건까지 뜯어보는 거야? 아빠가 내버려 두라고 해서 그동안 엄마가 많이 참았지만 이제 더 이상 그럴 수가 없구나. 앞으로 한 번만 더 물건을 함부로 뜯거나 하면 엄마한테 진짜 혼날 줄 알아! 알았니?"

엄마는 평소에 야단을 치거나 화를 거의 안 냈다. 늘 다정

한 목소리로 스티브에게 말하던 엄마의 얼굴은 정말 화가 잔뜩 나 있었다. 전에도 몇 번 비슷한 일이 있었지만 이렇게 화를 낸 엄마를 본 적은 없었다.

"네……."

스티브는 기어드는 목소리로 겨우 대답했다. 엄마에게 정말 죄송했다. 그런데 처음부터 이웃집 라디오를 고장 내려고 한 것은 아니었다. 그저 심심해서 장난으로 뜯어 본 것도 아니었다. 친구랑 놀려고 이웃집에 갔는데, 자꾸 라디오에서 직직거리는 잡음이 들렸던 것이다. 평소 라디오에 관심이 많았던

스티브는 모른 척하고 지나갈 수 없었다.

사실 스티브는 이미 라디오를 분해하고 조립해 본 적이 있었다. 그래서 라디오를 뜯어도 다시 조립할 수 있다고 생각했고, 직직거리는 라디오를 고칠 수 있다는 자신감도 있었다.

'할 수 있어! 아빠에게 설명도 들었잖아.'

하지만 그건 스티브의 착각이었다. 막상 뜯어보니 스티브네 라디오와 구조가 달랐던 것이다. 그래서 고치기는커녕 조립도 하지 못하고 끙끙대고 있는데, 들키고 만 것이다.

"어서 씻어. 엄마가 저녁을 준비할 동안 얌전히 앉아서 반성하고 있어!"

"네······."

스티브는 손을 씻으면서 이제 엄마를 화나게 하는 일은 절대 하지 않겠다고 다짐했다. 하지만 기계를 뜯어보는 일은 진짜 재미있었다. 대부분 남자아이들이 그렇듯이 스티브는 특히 궁금하고 신기하다 싶으면 요리조리 뜯어보는 버릇이 있었다.

스티브가 가장 먼저 뜯어본 물건은 선풍기였다. 평소 스티브는 전기가 어떻게 전달되어 날개가 돌아가는지 궁금했다. 다음은 라디오였다. 처음에는 조그만 라디오에서 사람 목소리가 나오고 음악이 흘러나오는 것이 신기했다. 그래서 아빠의 연장통에서 드라이버를 가져와 라디오를 뜯어보았다. 하지만 어떻게 소리가 나는지는 알 수 없었다.

스티브가 뜯어 놓은 라디오를 보고 아빠는 웃으면서 말했다.

"스티브는 호기심이 참 많구나. 아빠도 어릴 때 그랬단다."

아빠는 스티브가 뜯어낸 라디오를 금방 다시 고쳤다. 스티브는 그런 아빠의 모습이 정말 멋져 보였고 아빠처럼 되고 싶었다. 아빠는 라디오를 조립하면서 몇 가지 장치에 대해 설명까지 해 주었다. 스티브는 그 모든 것이 매우 재미있었다.

'아, 나도 이제 라디오를 뜯고 조립할 수 있을 것 같아!'

그 후로 스티브는 라디오를 분해해 보았고, 혼자서도 다시 잘 조립할 수 있었다. 그래서 이웃집 라디오도 자신감을 가지고 뜯어보았던 것이다. 결과는 스티브가 생각했던 것과 달랐지만 말이다.

사실 스티브가 그동안 뜯어서 고장 낸 물건이 이웃집 라디오만은 아니었다.

언젠가는 가스오븐을 뜯었다가 대충 조립하는 바람에 불이 날 뻔한 적도 있었다.

"스티브! 네가 또 그랬지? 이러다 불이라도 나면 어쩌려고 그러니? 네가 다칠 수도 있고."

"어디에서 뜨거운 열이 나오는지 궁금했어요."

걱정스런 표정을 짓던 엄마는 스티브의 대답에 한숨만 내쉬었다.

스티브는 궁금하면 참을 수가 없었다. 그러한 스티브의 호기심은 이런저런 사고로 이어졌다. 한번은 전기가 어떻게 물건을 움직이고 열을 내게 하는지 궁금해서 콘센트에 머리핀을 넣어 보았는데, 전기 불꽃이 튀어 거실 바닥이 타 버리기도 했다. 자칫하면 스티브가 다칠 수도 있었다.

엄마는 스티브에게 함부로 아무 물건이나 뜯어보지 말라고 주의를 주었다. 하지만 스티브는 그 말을 지키기가 무척 어려웠다.

스티브는 우울한 기분으로 거실에 앉아 텔레비전을 봤다. 그런데 시간이 지나자 조금 전의 일은 어느새 잊혔다. 그리고 단 하나의 생각만이 스티브의 머릿속을 가득 채웠다.

'진짜 아무리 생각해도 신기해. 어떻게 텔레비전은 사람들의 모습을 보여 주는 걸까? 만화도 그렇고……. 라디오보다 훨씬 신기해.'

여섯 살짜리 꼬마 스티브에게 텔레비전은 가장 궁금하고 신기한 물건이었다. 만화를 볼 때는 누가 불러도 모를 만큼 재미있었다. 그런데 스티브가 텔레비전을 좋아하는 이유는 재미있는 만화 영화 때문만은 아니었다. 어떻게 네모난 상자 속에 실제 세상과 같은 세상이 들어 있는지가 궁금했다. 텔레비전은 아무리 봐도 질리지 않는 재미있는 물건이었다.

'어떻게 해서 사람들의 모습이 보이는 걸까? 어떻게 만들었지? 텔레비전 안은 어떻게 생겼을까?'

텔레비전에서 보여 주는 내용도 재미있었지만 스티브에겐 텔레비전 자체가 그보다 더 재미있고 신기했다. 그래서 어떤 날은 몇 시간이나 텔레비전만 보기도 했다. 계속 보고 있으면 텔레비전이 만화 영화와 드라마를 보여 주는 원리를 알 수 있을 것 같았다.

'도대체 이 안에 뭐가 들었을까? 정말 뜯어보고 싶다.'

어느새 스티브는 텔레비전을 뜯고 있는 상상을 했다. 하지만 곧 고개를 가로저었다.

'안 돼! 엄마랑 약속했잖아. 엄마를 화나게 하면 안 돼.'

이제 물건을 뜯어보는 일은 하지 않겠다고 스티브는 생각했다. 하지만 한쪽에서는 계속 뜯어보고 싶다는 생각이 멈추지 않았다. 이런 마음 때문에 만화 영화 〈톰과 제리〉를 봐도 더 이상 재미있지 않았다.

2

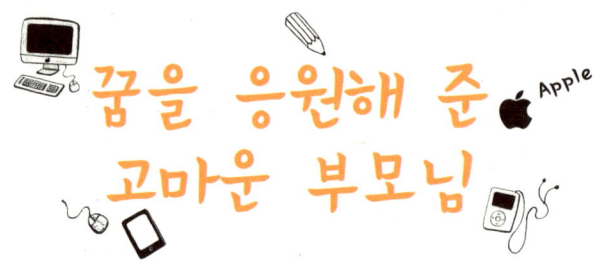
꿈을 응원해 준 고마운 부모님

"결국 텔레비전을 고장 냈구나. 어쩜 좋으니? 스티브!"

스티브는 너무나 죄송한 마음이 들었다. 그래서 허리에 손을 얹고 자신을 내려다보는 엄마의 얼굴을 제대로 쳐다볼 수가 없었다. 스티브는 이웃집 라디오를 고장 낸 이후로 집안의 물건들을 뜯지 않으려고 노력했다. 하지만 텔레비전만큼은 참을 수가 없었다. 그 속이 궁금해서 도저히 견딜 수가 없었기 때문이었다.

　결국 스티브는 엄마가 집을 비운 사이 아빠의 연장통을 몰래 가져와 텔레비전을 뜯었다. 텔레비전은 라디오보다 훨씬 복잡했다.

　'어? 엄청 복잡하네. 도로 달아 놓을까?'

　생각은 이렇게 하면서도 스티브는 멈추지 않고 결국 회로판 하나를 뜯었다.

　'도대체 어떻게 사람들의 모습을 보여 주는 걸까?'

　스티브는 회로판에 엉켜 있는 전선과 납땜 부분을 보며 고개를 갸웃거렸다. 그때 엄마가 들어오는 소리가 들렸다. 스티브는 회로판을 다시 연결시키지도 못하고 후다닥 뒤뚜껑만 달아 끼웠다.

　하지만 스티브가 텔레비전을 뜯은 것은 금방 탄로가 났다. 왜냐하면 텔레비전을 켜도 화면이 나오지 않았기 때문이다.

　이번에도 스티브를 구해 준 사람은 아빠였다.

　일을 마치고 돌아온 아빠는 엄마의 말을 듣고 바로 텔레비전을 해체해 다시 고쳤다.

　'역시 우리 아빠에게 이 정도는 일도 아니지. 오늘도 아빠

덕에 살았다.'

늘 그랬지만, 스티브는 다시 한 번 아빠가 존경스러웠다.

"여보, 스티브가 더 이상 물건을 망가뜨리지 않게 당신이 말 좀 해요. 매번 괜찮다고 편을 들어주니까 스티브가 계속 그러는 거잖아요."

"허허, 알았어요. 스티브가 오죽 궁금했으면 그랬겠어요? 호기심 많은 아이들이 나중에 공부도 잘한다고 하지 않아요."

"계속 그렇게 스티브 편만 드실 거예요?"

"편드는 게 아니라……. 그리고 스티브가 날 닮은 모양이에요. 나 역시 기계를 좋아하고 자동차나 고장 난 물건들을 고치는 걸 좋아하고 잘하지 않아요."

"에휴, 당신은 정말……."

"알았어요. 이제 스티브가 집안 물건들을 망가뜨리지 않도록 할게요. 스티브, 함께 차고로 가자. 네게 줄 게 있어."

텔레비전을 다 고친 아빠가 스티브에게 말했다.

"아빠도 어렸을 때 집 안에 있는 물건들을 고장 내서 많이 혼났단다. 하지만 아빠는 기계를 고치는 일이 재미있었어. 그래서 군인이었을 때도 자동차와 여러 가지 기계들을 고치는 일을 했지. 그때 배운 정비 기술 덕분에 농기계를 만드는 회사에서 일하기도 했고."

이 말을 들은 스티브는 아빠가 더욱 자랑스러웠다. 아빠의 손을 잡고 차고로 걸어가면서 생각했다.

'아빠가 못 고치는 기계는 이 세상에 없을 거야! 나도 아빠처럼 되고 싶어! 자동차도 척척 고치고.'

스티브의 아빠는 특히 자동차 고치는 것을 좋아했다. 그래서 낡은 고물 자동차를 아주 싼 값에 사서 주말 내내 그 자동차를 수리하여 더 좋은 가격에 다시 팔았다. 아빠의 손을 거치면 폐차 직전의 차도 쌩쌩 달릴 수 있는 멋진 차로 변신했다.

"이곳은 아빠가 가장 좋아하는 곳이다. 내게 많은 즐거움을 주지. 스티브도 알지?"

아빠는 작업실로 사용하는 차고로 들어서면서 말했다.

"나도 이곳이 좋아요, 아빠!"

아빠가 스티브의 머리를 쓰다듬어 주었다.

아빠는 여러 가지 공구들이 널브러져 있는 작업대의 한쪽 귀퉁이를 깨끗하게 치웠다. 그러고는 스티브에게 말했다.

"스티브, 지금부터 이 부분이 네 작업대란다. 여긴 아빠도

사용하지 않고 늘 비워 둘 거야. 이제 여기에서 물건을 뜯어봐. 아빠는 네가 뜯어보고 만져 볼 것들을 가져다주마. 그리고 이제부터는 고장 난 물건도 고치는 방법을 배우자. 궁금하다고 해서 무조건 뜯어서 고장 내기만 하지 말고 말이야. 이제부터 아빠가 기계에 대해 더 많이 자세하게 가르쳐 줄게. 물건은 사람들이 살아가는 데 도움이 되기 위해 만들어진 거잖아? 망가뜨리기만 한다면 사람에게도 물건에게도 미안한 일이겠지?"

"네, 아빠. 이제 안 그럴게요. 근데 아빠! 이게 정말 제 작업대예요?"

"그럼. 이제 이 작업대는 우리 두 사람이 함께 쓰는 거야. 나중에 너만의 작업대를 따로 만들어 주마."

"와! 멋져요. 정말 신 나요."

"이건 네가 쓸 연장들이다. 이제부터 연장들을 제대로 사용하는 방법부터 배우렴."

스티브가 가장 먼저 배운 것은 망치와 톱을 사용하는 방법이었다. 아빠가 스티브에게 직접 시범을 보여 주었다. 그런 다음 스티브에게 직접 못을 박거나 나무토막을 자르게 했다.

"엄마가 알면 여섯 살짜리에게 위험한 걸 가르친다고 잔소리할지도 몰라. 하지만 우리 아들이 기계가 움직이는 원리에 대해 무척 궁금해해서 아빠가 가르쳐 주는 거야. 아빠는 말이야, 자신이 좋아하는 일을 해야 행복하다고 생각한단다. 누구나 자신이 궁금하고 좋아하는 일은 잘하기 마련이거든."

스티브는 자신을 알아주고 믿어 주는 아빠가 정말 좋았다.

아빠는 그날 이후 주말마다 작업실에서 스티브와 함께 시간을 보냈다. 물건을 만드는 방법도 가르쳐 주고, 고장 난 기계를 함께 고치기도 했다.

"아빠, 기계를 배우는 건 정말 재미있어요."

"아빠도 즐겁구나. 아빠가 가르쳐 주는 걸 우리 스티브가 빨리 잘 배우니 말이다. 아무래도 우리 아들은 기계를 다루는 일을 하면 잘할 것 같구나. 작업실에서 네 눈이 얼마나 초롱초롱한지 아니? 하하."

아빠의 말에 스티브도 따라 웃었다. 스티브는 기분이 무척 좋았다. 이제 꼬마 스티브는 물건을 망가뜨리기만 하는 말썽쟁이가 아니라 고장 난 물건도 고칠 줄 아는 아이가 되었다.

스티브가 일곱 살이던 어느 날, 아빠는 버려진 냉장고를 차고로 가져와 스티브 앞에서 분해했다. 스티브는 그 모습을 보고 신이 났다.

"스티브, 이게 바로 '냉각팬'이란다."

"이거요? 꼭 선풍기 날개처럼 생겼네요."

"그렇지? 이 냉각팬이 냉장고에서는 아주 중요한 역할을 해. 온도 조절을 하거든. 냉장고가 평소보다 덜 시원할 때 보면 냉각팬이 고장 난 경우가 많아. 그래서 냉장고가 시원하지 않으면 냉각팬부터 살피는 거지."

"아, 그렇구나."

"자, 냉장고 속을 자세히 보렴. 이것은……."

스티브는 아빠의 설명을 들으며 냉장고 속을 구석구석 살펴보았다. 그러면서 속으로 생각했다.

'우리 아빠가 이 세상에서 가장 훌륭한 기술자일 거야. 나도 아빠처럼 멋진 기술자가 돼야지!'

스티브가 기계에 계속 관심을 가질 수 있었던 것은 부모님 덕분이었다. 부모님은 스티브가 호기심을 가지고 이런저런 물건을 뜯어보고 고장 내어도 혼내지 않았다. 물론 엄마가 가끔 잔소리를 했지만 그것은 스티브가 다칠까 봐 걱정되어서 그러는 것일 뿐이었다. 두 분은 늘 스티브의 생각을 존중했다.

사실 스티브는 엄마 아빠가 친부모가 아니라는 사실을 알고 있었다. 스티브가 네 살인가, 다섯 살 때쯤에 부모님이 직접 말해 주었기 때문이다.

스티브는 1955년 2월 24일에 캘리포니아 주 샌프란시스코에서 태어났다.

"스티브, 네 친엄마는 미혼모였단다. 결혼을 하지 않고 아이를 낳은 여자를 '미혼모'라고 해. 너를 낳아 준 엄마가 널 사랑하지 않아서 입양을 보낸 건 아니야. 그때 친엄마는 대학원에 다니는 학생이었단다. 친부모님이 서로 사랑해서 너를 낳았지만, 키울 형편이 못 되었지."

엄마와 아빠는 스티브의 표정을 살피면서 조심스럽게 말을 이었다.

"우리는 10년 동안 아이가 생기지 않았단다. 그래서 널 입양하게 되었어. 너를 낳아 준 엄마에게 널 많이 사랑하고 대학 공부까지 반드시 시키겠다고 약속했어. 물론 '스티브'라는 이름은 우리가 지은 거야."

스티브는 이상하게 그 말을 듣고도 충격을 받지 않았고 슬프지도 않았다. 물론 엄마 아빠에 대한 감정도 전혀 달라지지 않았다. 왜냐하면 부모님이 자신을 얼마나 사랑하는지 잘 알기 때문이었다.

또한 자신이 세 살 때, 부모님이 여동생을 입양했기 때문에 스티브는 입양이 무엇인지를 잘 알고 있었다. 그때 스티브는 동생이 생겨서 정말 기뻤다.

스티브네 가족은 여느 가족 못지않게 행복했고, 스티브는 진심으로 엄마 아빠를 사랑하고 존경하며 자랐다.

3
엔지니어 아저씨들과 힐 선생님

　스티브가 열 살이 되던 해, 스티브네 가족은 사우스샌프란시스코에서 마운틴뷰 부근으로 이사를 갔다. 그곳으로 이사를 간 것은 스티브에게 아주 좋은 일이 되었다.
　마운틴뷰에서 가까운 팰러앨토는 오늘날 미국 첨단 벤처 산업의 중심지인 실리콘밸리가 시작된 곳이다. 마운틴뷰가 좋은 이유는 그 지역에는 전자 회사에서 일하는 기술자들이 많이 살기 때문이었다.

스티브의 아빠는 팰러앨토에서도 이웃에 사는 기술자들과 친하게 지냈다. 기계들을 조립하고 수리하는 취미 덕분에 그들과 쉽게 가까워질 수 있었다. 그러니 스티브에게도 새로운 동네 팰러앨토는 좋을 수밖에 없었다.

스티브는 열 살이 되면서부터 전자 기기에 더욱 많은 관심과 호기심이 생겼다. 그러다 보니 스티브도 아빠처럼 옆집, 윗집, 아랫집에 살고 있는 엔지니어 아저씨들과 친해졌다.

엔지니어 아저씨들도 스티브의 아빠처럼 작업대를 가지고 있었다. 그리고 항상 그 작업대에서 무언가를 만들며 주말을 보냈다. 팰러앨토 전체가 스티브의 호기심을 채워 주는 마법의 동네였다.

스티브는 이 집 저 집 다니며 동네 엔지니어 아저씨들과 친해졌다. 엔지니어 아저씨들과 친해질수록 전자 기기에 대한 호기심과 관심도 점점 커져 갔다. 엔지니어 아저씨들과 놀 때는 아저씨들이 하는 말을 한 마디도 놓치지 않기 위해 온 정신을 집중했다. 그만큼 스티브는 엔지니어 아저씨들과 함께하는 게 재미있었다.

그런데 학교생활은 재미가 없었다. 선생님 말씀이 귀에 잘 들어오지 않았다. 학교에서 하는 공부는 전자 기기에 대한 설명보다 훨씬 재미가 없었기 때문에 자꾸 딴생각만 들었다.

어느 날, 선생님이 칠판에 문장을 하나 쓴 후 물었다.

"이 문장에는 틀린 부분이 있어요. 어디인지 아는 사람?"

스티브는 칠판을 보다가 손을 번쩍 들었다.

"스티브가 웬일이니? 그래, 말해 보렴."

스티브는 성큼성큼 칠판 앞으로 걸어가 한 글자를 짚으며 대답했다.

"이 글자가 틀렸어요. 다른 글자보다 15도쯤 기울어져 있으니까요."

친구들이 모두 큰 소리로 웃었다.

"스티브!"

선생님이 당황한 듯 얼굴을 찌푸렸다.

"선생님이 물어본 건 그런 게 아니잖아!"

스티브는 시무룩한 표정으로 자리로 돌아갔다. 스티브가 자리에 앉은 후에도 친구들은 계속 킥킥거렸다.

'쳇, 다들 왜 그러는 거지? 정말 저 글자만 비뚤어졌잖아.'

선생님도, 친구들도 스티브를 이해하지 못했다. 스티브와 얘기가 잘 통하는 친구도 거의 없었다. 그래서 스티브는 학교에서 돌아오면 엄마에게 조르곤 했다.

"엄마, 나 학교에 안 가면 안 돼요? 정말 재미없어."

"왜? 학교는 다녀야지. 안 그래도 네가 학교생활에 흥미를 느끼지 못하고, 친구들과 친하게 못 지내는 것 같아서 걱정이야. 선생님도 네가 수업에 집중하지 않고 엉뚱한 짓을 한다고 말씀하시고."

"친구들과 노는 건 시시해. 아저씨들이랑 전자 기기를 가지고 노는 게 훨씬 더 재미있어요. 학교에서는 재미없고 쓸데없는 것만 가르친단 말이에요."

늘 스티브의 의견을 존중해 주던 부모님이었지만 학교를 그만두겠다는 말만큼은 들어주지 않았다. 학교에 도착해서 책상에 앉자마자 스티브는 늘 집에 돌아갈 시간만 기다렸다. 얼른 작업대에 가서 분해하다 만 카세트를 분해하거나 수리를 못 끝낸 토스터기를 수리하고 싶다는 생각을 하면서.

학교생활이 너무나 지루한 나머지 스티브는 어느 날 직접 만든 폭발물을 교실에서 터트리기도 했다. 또 뱀을 가져가 풀어

놓기도 했다. 선생님에게 크게 야단을 맞았지만 스티브는 자신의 행동을 고칠 생각이 없었다.

'쳇, 나만 수업을 안 듣는 게 아냐. 나만 재미없어하는 게 아니라고. 다들 안 그러는 척할 뿐이지.'

스티브는 친구들 사이에서는 괴짜로, 선생님들에게는 말썽꾸러기 또는 골칫거리로 통했다.

그런데 테디 힐 선생님은 그런 스티브를 바꾸어 놓았다. 스티브가 힐 선생님을 만난 것은 4학년이 되었을 때였다. 새 학년이 된 지 얼마 지나지 않았을 때, 선생님이 스티브를 불렀다.

"스티브, 넌 내가 보기에 충분히 공부를 잘할 수 있는데 성적이 좋지 않구나."

"전 공부를 잘하고 싶은 마음이 없어요."

스티브는 심드렁한 표정으로 말했다.

"그래? 뭐, 그럴 수도 있지. 좋다! 선생님이 너에게 한 가지 제안을 하고 싶구나. 수학책에 나오는 모든 문제를 다 풀면 5달러와 막대 사탕을 줄게. 어때?"

힐 선생님의 말에 스티브는 귀가 솔깃해졌다.

'5달러라고? 그거면 내가 사고 싶은 전자 부품을 살 수 있는 돈이잖아?'

스티브는 그날부터 수학책에 있는 모든 문제를 풀기 시작했다. 학교에서 돌아오면 책상을 떠나지 않았다.

"우리 아들이 웬일이니? 이렇게 공부를 열심히 하다니 믿을 수가 없구나!"

엄마가 놀란 표정으로 물어볼 정도로 스티브는 열심히 했다.

한 달 후 스티브는 수학책에 있는 문제를 다 풀었다. 그리고 그것을 힐 선생님에게 보여 드렸다.

"정말 잘 풀었구나. 그것 봐, 스티브. 너는 마음만 먹으면 뭐든 잘할 수 있다니까."

힐 선생님은 스티브를 크게 칭찬하며 5달러와 막대 사탕을 주었다. 막상 돈을 받으니 스티브는 실감이 나지 않았다.

"이 돈 정말 제가 써도 되나요?"

"그럼, 내가 약속했잖아. 그 돈으로 전자 부품을 살 거지?"

"네, 어떻게 아세요?"

"어떤 사람에게 관심을 갖고 그 사람을 보면 마음을 읽게 된단다."

스티브는 다정한 표정을 짓는 힐 선생님을 가만히 쳐다보았다.

'힐 선생님은 다른 선생님들과 달라. 나를 이해하셔.'

스티브는 그때부터 학교에서도 열심히 공부했다. 자신을 이해하는 선생님이 있다는 사실은 지루하고 재미없는 학교생활에 활기를 불어넣어 주었다.

이렇게 스티브가 학교생활에 적응하고 있을 즈음 스티브네 집 사정은 조금씩 나빠졌다. 스티브의 아빠가 하던 일을 그만두고 부동산 일을 새로 시작하였는데, 생각만큼 잘 안 되었던 것이다.

'아빠는 여전히 열심히 일하시는데, 우리 집은 왜 더 가난해지는 걸까?'

스티브는 이해할 수가 없었다. 그래서 힐 선생님에게 물어보았다.

"선생님, 우리 집이 왜 갑자기 가난해졌을까요?"

"스티브, 살다 보면 어려운 시기도 오기 마련이란다. 아버지께서 새로 시작하신 일이 잘 안 풀리는 모양이구나. 하지만 어려운 시기가 있으면 또다시 좋아지는 시기도 반드시 온단다. 그러니 스티브, 너는 열심히 공부하면 돼. 지금처럼 네가 좋아하는 전자 제품을 계속 연구하면서 말이야. 자신이 좋아하는 일을 열심히 하면 꿈이 되고, 그 꿈은 많은 것을 이루어 주기도 한단다."

'어려운 시기가 있으면 좋은 시기도 반드시 온다. 그때까지 열심히 내가 해야 할 일, 하고 싶은 일을 하면 된다.'

스티브는 힐 선생님의 말씀을 속으로 되새겼다.

힐 선생님의 말은 사실이었다. 얼마 지나지 않아 스티브네 가족은 다시 경제적 여유를 찾기 시작했다. 아빠가 부동산 일을 그만두고 기술자로 취직을 한 것이다.

스티브의 아빠가 기술자로 일한 것은 15년 전의 일이었다. 하지만 주말마다 기계를 만지며 지냈기 때문에 빠른 시간 안에 회사에서 인정받는 사람이 되었다. 그래서 다른 사람들보다 승진도 빨랐고 월급도 많이 받았다.

스티브의 4학년은 여러모로 중요한 해였다. 스티브가 학교에 다니는 동안 가장 많은 것을 배운 해였고, 집안에도 변화가 있었다. 어느 날 엄마가 스티브에게 말했다.

"힐 선생님이 학교로 오라고 하셔서 다녀왔단다."

"네?"

스티브는 몰랐던 일이었다.

"선생님께서 네가 아주 총명한 아이라고 하시더라. 그래서 엄마는 무척 기분이 좋았단다."

옆에 계시던 아빠도 흐뭇한 미소를 지었다. 스티브는 어깨가 으쓱했다.

"선생님 말씀이, 네가 몇 학년을 건너뛰고 고등학교에 입학해도 될 실력이 되었다고 하시더구나. 오늘 나를 보자고 하신 건, 널 월반을 시키면 어떨까 의논하기 위해서라고 하셨어."

'월반이라…….'

스티브는 한 번도 생각해 본 적 없는 일이었다.

"그런데 우리는 선생님의 생각과 조금 달라. 아빠랑 의논했는데, 비슷한 또래랑 공부하면서 얻는 장점도 많다고 생각해."

엄마의 말에 아빠도 고개를 끄덕였다.

"그래서 우리는 너를 월반시키더라도 한 학년만 시킬 생각이야. 네 생각은 어떠니?"

"그럼 바로 중학생이 되는 건가요?"

"그렇지."

스티브 역시 같은 나이보다 한 학년 정도 먼저 다니는 것은 괜찮을 것 같았다.

"좋아요. 나도 엄마 아빠 생각과 같아요. 고등학교로 바로 가는 건 싫고요, 중학교는 괜찮을 것 같아요."

그렇게 해서 스티브는 크리튼던 중학교에 입학하게 되었다.

4

컴퓨터를
처음 보다

스티브가 컴퓨터를 처음 만난 것은 초등학교를 졸업하기 얼마 전이었다.

"내일은 휴렛팩커드 회사로 견학을 갈 거예요."

선생님 말에 스티브의 가슴은 쿵쾅쿵쾅 뛰었다. 휴렛팩커드는 컴퓨터를 만드는 회사이다. 스티브는 얼마나 좋던지 집까지 쉬지 않고 달려갔다.

"엄마, 엄마!"

"무슨 일이니, 스티브? 숨넘어가겠구나."

엄마는 어리둥절한 표정으로 스티브를 쳐다보았다.

"헉헉, 내일 컴퓨터를 볼 수 있어요. 학교에서 휴렛팩커드 회사로 견학을 간대요. 정말 기대돼요."

"호호, 난 또 뭐라고. 컴퓨터를 보는 게 그렇게 좋아?"

"당연히 좋겠지. 안 그래도 스티브가 내내 컴퓨터를 보고 싶어 했잖아요. 우리 스티브 신 나겠구나. 아빠도 아직까지 컴퓨터를 자세히 보지 못했는데."

"네, 정말 신 나요. 어서 내일이 왔으면 좋겠어요."

"컴퓨터를 자세히 잘 보고 와서 아빠에게 얘기해 주렴."

"네, 아빠!"

"참, 스티브. 래리 아저씨가 너한테 차고로 와 달라고 하셨어. 어서 가 보렴."

"래리 아저씨가요? 와, 새로운 전자 기기를 가져오셨나? 어서 가 봐야지."

스티브는 책가방을 던져 놓고 부리나케 래리 아저씨 집으로 달려갔다.

이웃에 사는 엔지니어 아저씨들은 모두 스티브를 귀여워했는데, 그중에서도 특히 래리 아저씨가 가장 예뻐해 주었다. 래리 아저씨는 일주일에 한두 번씩 스티브에게 기계 다루는 법을 가르쳐 주곤 했다. 스티브는 래리 아저씨와 함께 여러 가지 전자 기기에 대해 이야기하는 시간이 무척이나 즐거웠다.

'무슨 일 때문에 오라고 하셨을까? 내일 아저씨네 회사로 견학 가는 것도 말씀드려야지.'

숨이 턱까지 차오른 스티브는 차고에 들어서자마자 큰 목소리로 래리 아저씨를 불렀다.

"아저씨! 래리 아저씨! 내일 학교에서 아저씨네 회사로 견학을 가요. 드디어 컴퓨터를 볼 수 있게 되었어요!"

"허허, 이 녀석, 귀청 떨어지겠다. 엄청 좋은 모양이구나. 네 목소리가 동네 전체에 다 들리겠다."

"네, 그렇게 보고 싶던 컴퓨터를 보게 된 걸요."

"그래, 너에게 좋은 경험이 될 거야. 스티브, 컴퓨터는 무척이나 복잡한 기계란다. 컴퓨터에 대해 설명해 줄 때 열심히 잘 들으렴."

"네!"

"허허, 녀석! 이런 얘기를 할 땐 펄떡펄떡 날뛰는 물고기 같구나. 참, 오늘 아저씨가 새로운 부품을 구해 왔단다."

래리 아저씨는 가방에서 부품 하나를 꺼냈다.

"와, 이 부품은 다른 부품들보다 훨씬 복잡해 보이네요."

"그렇지? 이건 전자 장치를 만드는 데 사용하는 부품이란다."

"아저씨. 제가 한번 조립해 봐도 돼요?"

"그럴 줄 알았다. 그래서 널 기다린 거야. 네게 이 부품을 직접 조립해 보게 하려고."

"고맙습니다. 아저씨!"

스티브는 아저씨께 꾸벅 인사했다. 그리고 부품을 만지기 시작했다. 새로운 기계나 부품을 볼 때면 스티브는 그 어느 때보다 심장이 빨리 뛰었다.

래리 아저씨가 준 부품을 가지고 조립하는 시간은 손가락 사이로 빠져나가는 모래처럼 빨리 지나갔다.

다음 날, 스티브는 평소보다 일찍 일어나 빨리 학교로 갔다. 견학을 간다는 설렘에 서두른 것이다.

드디어 휴렛팩커드 회사에 도착했다. 스티브는 숨을 쉴 수가 없을 지경이었다. 지금까지 한 번도 본 적 없는 기계들이 잔뜩 있었기 때문이다. 특히 컴퓨터 앞에서는 꼼짝도 않고 한참을 서 있었다.

회사에서 나온 어떤 아저씨가 컴퓨터에 대해 설명했다.

"여러분, 지금 여러분이 보고 있는 이건 '단말기'라고 해요. 단말기는 보다시피 화면과 입력 장치만 있어요. 진짜 컴퓨터는 이 단말기 뒤에 숨겨져 있답니다. 엄청나게 크죠? 자, 잘 보세요. 숫자 계산을 한번 해 볼게요."

아저씨가 숫자들을 입력하자마자 화면에 계산 결과가 나왔다. 스티브는 그 속도에 깜짝 놀라고 말았다.

'아아, 정말 멋지다. 저런 컴퓨터를 만져 볼 수 있으면 얼마나 좋을까? 근데 왜 컴퓨터는 회사에서만 사용할까?'

스티브는 손을 번쩍 들었다.

"궁금한 게 있어요."

"어, 그래, 뭔지 말해 보렴."

"왜 집에서는 컴퓨터를 쓰지 않나요?"

"컴퓨터 한 대를 만드는 데 많은 돈이 필요해. 그러니 값도 굉장히 비싸지. 일반 사람들이 사기에는 너무 비싸단다."

"왜 그렇게 비싼데요?"

"하하. 네가 컴퓨터에 반했구나. 음, 컴퓨터를 만들기 위해서는 많은 전기 회로와 부품들이 필요하단다. 모두 비싼 것들이지. 그리고 컴퓨터가 움직이려면 프로그램이 필요해. 그것도 한 가지가 아니라 여러 가지 프로그램이 컴퓨터 안에 설치되어 있어야 해. 그 프로그램을 연구하고 만드는 데도 돈과 시간이 많이 들지. 그러니 값이 당연히 비싸겠지?"

친구들이 다른 곳으로 이동하고 난 뒤에도 스티브는 컴퓨터 앞에 서서 생각했다.

'이렇게 멋진 컴퓨터를 더 많은 사람이 사용할 수 있다면 좋을 텐데.'

스티브는 컴퓨터를 보면서 다짐했다.

'그래, 난 컴퓨터를 만들 거야. 그래서 더 많은 사람이 쉽게 컴퓨터를 사용할 수 있도록 할 거야. 많은 노력과 시간이 필요하겠지만 꼭 해내고 말겠어.'

5

학교 다니기 싫어

스티브는 크리튼던 중학교에서도 초등학교 때처럼 친구를 잘 사귀지 못했다. 그리고 초등학교 때 힐 선생님 덕에 학교 공부에 흥미를 갖게 되었지만 중학교에 진학한 뒤로는 다시 학교가 싫어졌다. 스티브는 시간이 갈수록 학교생활에 만족할 수가 없었다.

'난 자유롭고 싶어. 그런데 학교는 무조건 규칙만을 강요

해. 그러니까 학생들도 거칠어지는 거야. 하지만 난 그 친구들처럼 싸움질을 하고 싶진 않아. 아, 학교 다니기 싫다!'

스티브는 자신이 좋아하는 수학이나 과학 공부만큼은 열심히 하고 싶었다. 하지만 수업을 제대로 듣는 학생이 거의 없었기 때문에 선생님들도 열심히 가르치지 않았다.

'이 학교를 더 이상 다닐 필요가 없어. 이건 시간 낭비야. 차라리 혼자 공부를 하는 게 낫겠어. 내가 좋아하는 전자 기기도 연구하고 말이야.'

스티브는 학교를 그만둘 결심을 하고 아빠에게 말했다.

"아빠, 저 학교 그만둘래요. 크리튼던 학교에서는 아무것도 배울 게 없어요. 시간을 낭비하는 거라고요."

"학교가 마음에 안 드는 건 이해한다. 그렇다고 학교를 그만두는 건 옳은 선택이 아니야."

"그러면 다른 학교로 전학을 보내 주세요. 이 학교는 진짜 아니라고요."

"이사 온 지 얼마 되지 않았는데 또 이사를 가자는 말이냐? 이사하는 건 말처럼 쉬운 게 아니란다. 그리고 스티브, 세상에는 아주 다양한 사람들이 살고 있어. 마음에 안 든다고 그때마다 피하면, 사회성을 기를 수가 없어."

"아빠 말씀이 옳아요. 하지만 난 결심했어요. 아빠나 엄마가 반대해도 학교에는 가지 않을 거예요. 이 학교에 다니다가는 무언가를 배우기는커녕 나쁜 길로 빠지기만 할 것 같아요."

스티브의 말에 아빠는 더 이상 아무 말도 하지 않았다.

한번 마음먹은 것은 꼭 하고 마는 스티브의 성격을 잘 알기 때문이었을까? 아니면 스티브의 말이 옳다고 생각했기 때문이었을까? 부모님은 스티브의 생각을 이해했고 이사를 결심했다.

스티브네 가족이 다시 이사를 간 곳은 로스앨터스였다. 그리고 스티브는 그곳에 있는 쿠퍼티노 중학교로 전학을 갔다.

하지만 새로운 학교에서도 친구들을 많이 사귄 것은 아니었다. 여전히 스티브는 외톨이였다. 친구들이 스티브를 외톨이로 만드는 것이 아니라, 그냥 스티브가 아이들과 어울리고 싶지 않았을 뿐이었다. 스티브는 자기 또래 아이들이 좋아하는 장난을 좋아하지 않았다. 그리고 친구들의 가장 큰 관심사였던 이성 친구를 사귀는 것에는 더더욱 관심이 없었다.

여전히 스티브의 마음을 끄는 것은 이웃에 사는 젊은 엔지니어 아저씨들의 차고였다. 로스앨터스는 마운틴뷰보다 더 많

은 엔지니어들이 모여 사는 동네였다. 그곳에는 우주 개발 경쟁에 나선 미항공우주국(NASA)이 있었기 때문에 달 착륙에 필요한 부품을 만드는 전자 회사들로 활기를 띠었다. 뿐만 아니라 전자 기기를 더 작게 만드는 데 필요한 기술인 집적 회로의 개발도 활발하게 이루어지고 있었다.

이사 온 지 얼마 되지 않아 스티브는 이웃 엔지니어 아저씨들 사이에서 꽤 유명해졌다. 스티브가 집집마다 다니면서 인사를 드리고 이것저것 물어보았기 때문이다. 아저씨들은 하나같이 스티브에게 잘해 주었다. 차고들은 항상 스티브에게 열려 있었고, 스티브는 언제든지 차고로 들어가 전자 장치를 분해하고 조립하며 시간을 보낼 수 있었다. 그렇게 전자 장치를 가지고 노는 것이 스티브에게는 가장 행복한 일이었다.

PART 2

좋아하는 것을 좋아 상상하다

6
하고 싶은 걸 하려면 자신감과 용기가 필요해

중학교에서도 친구들은 스티브를 '엉뚱한 생각에 빠져 있는 괴짜', '자기만의 세계에 갇혀 있는 이상한 아이'라고 말하곤 했다. 하지만 스티브는 친구들이 수군대는 말에 신경 쓰지 않았다. 다른 사람들이 자신을 어떻게 보는지는 중요하지 않다고 생각했기 때문이다.

스티브에게 중요한 것은 오직 전자 기기와 컴퓨터였다. 그리고 자신이 품고 있는 꿈이었다. 아빠처럼 멋진 기술자가 되고, 컴퓨터를 더 싸게 더 좋게 만들어 더 많은 사람이 사용하도록 만들겠다는 꿈.

스티브는 한 가지에 꽂히면 완전히 빠져들었다. 그리고 자신이 목표로 한 것은 반드시 이루고 마는 성격이었다. 조립하겠다고 작정한 전자 부품이 있으면 며칠을 걸려서라도 해냈다. 조립이 어렵다고 해서 또는 필요한 부품이 없다고 해서 포기하는 법이 없었다.

어느 날 스티브 아빠가 전자 회로 주파수 카운터를 가져왔다.

"이건 전자 회로 주파수를 재는 주파수 카운터란다. 누가 버리려고 했던 건데, 스티브 네가 분해하고 다시 조립해 보면 좋겠다 싶어서 가져왔단다. 어때?"

"와우! 좋아요, 아빠. 근데 전자 회로는 뭐고 주파수는 뭐예요?"

"음, 전자 회로는 전류가 흐르도록 전기 전도체를 연결해서 목적에 맞게 움직이도록 하는 것이란다. 그리고 주파수는 전파나 음파가 1초 동안에 진동하는 횟수를 말하고."

"아하, 그러니까 이 기계는 그 주파수를 재는 기계군요. 정말 신기한 거네요. 당장 분해해서 조립해 볼래요."

스티브는 이틀째 주파수 카운터를 조립하는 데 열중했다. 그런데 조립하던 중에 필요한 부품이 하나 빠진 것을 발견했다.

'어, 아빠 설명대로라면 여기에 맞는 부품이 따로 있어야 하는데……. 어떡하지?'

스티브는 잠시 궁리했다. 그리고 전화번호부를 뒤지기 시작했다.

"앗! 여기 있다."

스티브는 자신이 찾은 번호로 전화를 걸었다.

"여보세요?"

수화기 너머로 나이 든 아저씨의 목소리가 들렸다.

"안녕하세요. 저는 스티브 잡스라고 합니다. 지금 제가 주파수 카운터를 만들고 있는데 필요한 부품이 하나 없어서 전화 드렸어요. 그 회사가 최고로 좋은 회사이니까 저를 도와주실 거라 생각했거든요."

스티브는 조금 떨렸지만 용기를 내어 또박또박 말했다.

스티브의 말이 끝나자 수화기 저편의 아저씨가 웃으며 말했다.

"스티브라고? 스티브, 너는 내가 누군지 알고 전화했니?"

"네, 제가 전화번호부에서 일부러 찾은 걸요. 휴렛팩커드의 사장님이신 빌 휴렛 씨의 전화번호를 말이에요. 전화번호부에 나와 있어서 정말 기뻤어요."

스티브가 전화번호부에서 찾은 사람은 다름 아닌 휴렛팩커드의 사장인 빌 휴렛이었다.

빌 휴렛은 당시 미국에서 최고로 알아주는 비즈니스 잡지《포춘》에서 기업 순위 500위 안에 드는 최첨단 전자 회사의 사장이었다.

"그랬구나. 그런데 보통 그런 내용이라면 생산 공장이나 홍보 담당자에게 전화를 했을 텐데, 넌 사장인 내게 전화를 했구나?"

"네, 생각해 보니 부품을 확실하게 얻으려면 회사에서 제일 영향력 있는 사람에게 전화를 걸어야겠더라고요. 제 생각에 그 사람이 바로 사장님이었어요."

"하하, 보통 녀석이 아니구나. 그런 말을 하다니 배짱이 대단한데?"

빌 휴렛은 스티브에게 주파수 카운터와 필요한 부품에 대해 여러 가지 물었다. 통화는 20분 정도 이어졌다. 그리고 빌이 말했다.

"넌 참 똑똑하고 용감한 아이구나. 좋아. 네가 필요한 부품을 얼마든지 보내 주마."

"정말이세요? 정말 감사합니다. 고맙습니다."

스티브는 하늘을 날 것 같은 기분이었다. 컴퓨터 회사의 사장님과 통화를 한 것도 기뻤는데, 자신이 원하는 부품을 얼마든지 주겠다는 약속을 받아 내니 정말 기뻤다.

마지막으로 빌 휴렛이 물었다.

"스티브, 전자 기기에 대한 너의 관심이 놀랍구나. 그리고 자신이 관심을 갖는 것에 집중하고 실천하는 태도가 마음에 든다. 어때? 우리 회사에서 아르바이트를 해 보지 않겠니?"

스티브에게는 정말이지 믿기지 않을 만큼 놀랍고도 반가운 제안이었다.

"정말이요? 좋아요! 좋고말고요."

그렇게 해서 스티브는 여름 방학 동안 휴렛팩커드에서 일하게 되었다. 스티브가 하는 일은 조립 라인에서 나사를 박는 일로, 아주 단순한 일이었다. 하지만 스티브에게는 새롭고도 재미있는 경험이었다.

7
스티브, 워즈니악을 만나다

고등학교에 진학해서도 스티브는 여전히 외톨이였다. 하지만 잘 통하는 동네 친구 한 명을 만나게 되었고 두 사람은 아주 잘 맞았다. 그 친구는 바로 빌 페르난데스였다. 빌 역시 스티브처럼 전자 기기에 관심이 있어 동네 엔지니어 아저씨들 그리고 과학자 아저씨들과 잘 어울렸다. 두 사람은 한 엔지니어 아저씨의 차고에서 처음 만나 서로 공통점을 발견하고는 급속도로 가까워졌다.

그러던 어느 날이었다. 빌이 말했다.

"스티브, 너 워즈 형이라고 알아? 우리 동네에서 유명한 형인데, 그 형 이름도 스티브야. 스티브 워즈니악."

"스티브 워즈니악? 모르겠는데?"

"이상하다. 어떻게 둘이 모를 수 있지? 좋아. 그럼, 오늘 나랑 우리 집에 가자. 그 형이 며칠 전부터 우리 차고에서 컴퓨터를 만들고 있거든."

"컴퓨터? 컴퓨터를 만든다고?"

스티브는 컴퓨터라는 말에 귀가 번쩍 뜨였다.

스티브 워즈니악은 빌의 앞집에 사는 열여덟 살 된 대학생 형이라고 했다.

"워즈 형의 아빠는 '록히드'라는 회사에 다니는 엔지니어야. 그 아저씨가 나를 예뻐해 주시고, 전자 분야에 대해서도 많이 가르쳐 주셨지. 그래서 워즈 형과도 어울리게 되었어."

"그렇구나. 좋겠다."

"워즈 형은 나보다 다섯 살 많아. 그 형이랑 함께 발명품을 만들어서 과학 전시회에 출품하기도 했어. 형은 형이 좋아하는 전자 분야, 특히 컴퓨터에 정말 뛰어난 능력이 있어. 컴퓨터 외에는 전혀 관심이 없대."

"근데 그 형이 정말 지금 컴퓨터를 만들고 있단 말이야?"

"응. 컴퓨터를 만들고 있어. 그 형의 꿈이 많은 사람이 사용할 수 있는 컴퓨터를 만드는 거래."

스티브는 자신의 귀를 의심했다. 자신과 같은 꿈을 가진 사람을 만날 수 있다니……. 당연히 스티브 워즈니악이라는 형에게 관심이 생겼다. 자신과 이름도 같고 꿈도 같았기 때문이다.

'열 살 이후로 컴퓨터를 만드는 게 내 꿈이었어. 하지만 아직 내겐 먼 꿈이라고 생각했어. 그런데 직접 컴퓨터를 만드는 사람이 같은 동네에 산다니 믿기지가 않아.'

스티브는 어서 그 형을 만나고 싶었다.

"어서 너희 집으로 가자."

스티브는 빌보다 앞장서서 걷기 시작했다.

빌의 차고에 가 보니 동그란 얼굴의 한 청년이 무엇인가에 얼굴을 박고 열심히 작업을 하고 있었다.

"형! 워즈 형! 내가 말하던 친구, 스티브 잡스야."

빌이 스티브를 소개했다.

"네가 빌이 말하던 또 다른 스티브구나. 반갑다."

워즈니악이 웃으며 손을 내밀었다.

"네, 반가워요. 형이 전자 기기에 대해 많이 안다고 들었어요. 정말 컴퓨터를 만들고 있는 거예요?"

"응. 컴퓨터에 관심을 갖고 난 뒤부터 계속 회로판을 설계하면서 많은 시간을 보냈지. 이제 직접 컴퓨터를 만들어 보려고 해. 잘될 거 같아."

그 말을 들으며 스티브는 생각했다.

'회로판을 설계하다니……. 지금까지 난 내가 전기 기기에 대해 많이 안다고 생각했어. 하지만 난 우물 안 개구리였어. 이 형은 전자 공학에 대해서도 모르는 게 없다고 하잖아. 그러니까 컴퓨터를 만들 생각을 했겠지.'

스티브는 자신보다 훨씬 뛰어난 워즈니악을 보자 주눅이 들었다. 솔직히 기분도 조금 상했다. 하지만 금방 좋은 쪽으로 생각을 바꿨다.

'워즈 형에게 많은 것을 배울 수 있을 거야. 세상에는 나보다 잘난 사람들이 당연히 더 많이 있겠지. 하지만 그렇다고 내가 주눅이 들 필요는 없어. 그들보다 더 뛰어난 실력을 갖추면

돼. 형보다 다섯 살이나 어리니까 지금부터 열심히 노력하면 곧 형을 뛰어넘을 수 있을 거야.'

스티브와 워즈니악은 만난 지 얼마 되지 않아 나이를 뛰어넘어 친구가 되었다. 장난을 좋아하고 전자 분야와 컴퓨터에 큰 관심을 갖고 있다는 공통점 때문에 둘은 서로에게 끌렸다.

워즈니악은 스티브를 처음 만날 당시에 캘리포니아 버클리 대학교의 신입생이었다. 워즈니악은 늘 이렇게 말하곤 했다.

"난 전자 분야 말고는 관심이 없어. 그래서 다른 과목의 학점은 정말 형편없어."

워즈니악은 결국 대학에서 쫓겨났다. 대통령 선거가 있던 날, 대통령이 될 사람에 대한 욕설을 담은 메시지를 교내 컴퓨터에 올려 모두가 볼 수 있도록 했기 때문이었다. 그래서 워즈니악이 대학을 다닌 것은 딱 일 년 정도였다.

워즈니악과 스티브는 학교에 잘 적응하지 못했다는 점에서도 비슷했다. 둘은 여러 가지 면에서 죽이 잘 맞는 친구가 되었다.

8

블루박스를 만들다

"스티브, 너 그거 알아? 공짜로 전화 거는 방법?"

스티브가 고등학교 졸업반이던 어느 날이었다. 차고로 놀러 간 스티브에게 워즈니악이 말했다.

"으응, 들어 봤어. 요즘 그게 유행이잖아."

"응. 수화기에 대고 호루라기를 불면 전화 회사의 네트워크에 잠시 동안 혼란이 생겨. 그 틈을 타서 장거리 전화를 공짜로 거는 거지."

당시에는 컴퓨터를 좀 한다는 사람들 사이에서 미국전신전화회사에 특정 주파수를 보내 공짜 전화를 거는 것이 유행이었다.

"그런데 말이야, 문제는 그게 일시적이어서 금방 전화가 끊어진다는 거지. 그래서 말인데, 우리가 공짜로 장거리 전화를 걸 수 있는 장치를 만들어 보면 어떨까?"

워즈니악의 말에 스티브의 눈이 저절로 커졌다. 스티브는 뭔가 새로운 것을 만들 때 가장 신 나고 즐거웠다. 게다가 그것을 자신이 가장 좋아하는 컴퓨터와 전자 분야를 이용하여 만들 수 있다니! 워즈니악의 말만 들어도 흥분이 되어 가슴이 쿵쾅 뛰었다. 그 말을 듣는 순간에는 그것이 잘못된 일일 수도 있다는 생각이 전혀 들지 않았다. 오로지 자신이 만들 새로운 기계에만 집중하였다.

"맞아! 그것을 응용하면 공짜로 전화를 걸 수 있는 기계를 만들 수도 있겠다. 좋아, 형. 우리 한번 만들어 보자."

"좋아!"

두 사람은 하이파이브를 했다.

바로 그 순간부터 워즈니악과 스티브는 국내는 물론이고 외국에까지 공짜로 전화를 걸 수 있는 전자 장치를 만들기 시작했다. 스티브는 자신이 좋아하는 일, 무언가를 만드는 일에 머뭇거리지 않았다.

"완성되면 뭐라고 부를까?"

"음……. '블루박스' 어때? 비밀스러운 기계니까."

스티브의 말에 워즈니악도 찬성했다.

"블루박스라……. 멋진데? 좋아. 어서 우리의 블루박스를 완성하자."

두 사람은 며칠 동안 블루박스를 만드는 데 집중했다. 사실 생각처럼 쉽지 않았다. 항상 이론과 실제 사이에는 오차가 생겼다. 두 사람은 몇 번의 시행착오 끝에, 결국 성능 좋은 블루박스를 만들었다.

"우와, 시작할 때만 해도 100퍼센트 확신이 없었는데 진짜 공짜 전화가 되네."

스티브와 워즈니악은 박수까지 치며 좋아했다. 그때부터 두 사람은 블루박스를 이용해 여기저기 장난 전화를 걸었다. 영국에 있는 한 호텔에 전화해 식사 예약을 하기도 했다.

그렇게 블루박스를 이용해 장난을 치던 어느 날이었다. 스티브가 워즈니악에게 물었다.

"형, 우리 이걸 사람들에게 팔면 어떨까? 내 생각엔 사람들이 분명히 좋아할 것 같아."

"판다고? 사려는 사람이 있을까?"

"그럼. 장거리 전화를 많이 걸어야 하는 대학생들에게는 먹힐 거야. 어때? 파는 건 내가 팔 테니 형은 만들기만 하면 돼."

워즈니악은 조금 망설이는 표정이었다.

"분명 많은 사람이 사려고 할 거야. 난 확신해. 내가 팔 수 있으니까 형은 나만 믿어."

"좋아, 한번 해 보자."

스티브는 블루박스를 가지고 직접 사람들을 만났다. 그리고 사람들이 보는 앞에서 블루박스를 이용해 공짜 전화를 걸었다.

"야, 이거 대단한데?"

"잠깐이 아니라 꽤 오랫동안 통화가 되잖아?"

예상대로 사람들은 블루박스를 좋아했다. 그리고 사겠다는 사람도 많았다. 스티브는 신이 나서 워즈니악에게 달려갔다.

"형! 내 생각이 맞았어. 블루박스를 사겠다는 사람들이 많아. 벌써 이만큼 주문이 쌓였어. 형은 부지런히 만들기만 하면 돼. 우린 많은 돈을 벌게 될 거야!"

"야, 스티브 너 정말 대단하다!"

"내 능력인가 뭐? 블루박스가 성능이 좋아서 그렇지."

"아냐, 넌 말을 잘하고, 다른 사람에게 네 생각을 잘 전달하잖아. 사람을 설득하는 재주가 있어. 넌 사업을 해도 잘할 거야."

스티브는 워즈니악의 말에 쑥스럽긴 했지만 기분이 좋았다.

"어쨌든 형이 바쁘게 생겼다. 나도 거들겠지만, 난 영업을 주로 해야 하니까!"

"하하, 우리가 마치 회사를 차린 것 같네."

블루박스는 정말 잘 팔렸다. 공짜로 전화를 걸 수 있다는 장점도 있었지만, 워즈니악의 말처럼 스티브가 말을 잘해서인지 그야말로 불티나게 팔렸다. 특히 집을 떠나와 학교 기숙사에서 지내는 대학생들에게 인기가 많았다.

　블루박스 한 대의 원가는 40달러밖에 되지 않았다. 스티브가 부품을 파는 가게의 사장님과 흥정을 잘해서 부품을 싸게 살 수 있었기 때문에 원가가 더 줄어든 것이다.

　"40달러로 만들고, 150달러에 팔았으니 한 개당 이익이 110달러야. 물론 형과 나의 노력은 값으로 계산하지 않은 것이지만 말이야."

"스티브, 넌 내가 갖지 못한 능력을 갖고 있어."

"응? 그게 뭔데?"

"사람들을 설득해서 네가 원하는 것을 이루는 능력 말이야. 난 연구하고 전자 제품을 만드는 기술밖에 없는데……."

"무슨 소리야, 형만큼 전자 공학에 뛰어난 사람이 어디 있어? 난 형처럼 뛰어나지 못하니까 다른 재주를 개발하는 거야."

사실 스티브 자신도 블루박스를 팔면서 자신의 재능을 새롭게 알게 되었다. 처음에는 시큰둥한 반응을 보이던 사람들도 스티브가 계속 설명하면 마음을 바꾸었다. 사람의 마음을 움직일 줄 아는 능력은 정말 중요한 것이었다.

그리고 시간이 지나면서 스티브는 알게 되었다. 사람의 마음을 움직일 수 있는 이유는 말을 잘해서만이 아니라는 것을. 자신이 좋아하는 일을 하면 그 일에 자신감을 갖게 되고, 그 일에 관해서는 누구보다 잘 표현할 수 있다는 사실을 말이다. 중요한 것은 그것이 무엇이든 자신이 좋아하는 일을 해야 한다는 것이었다. 그러면 그 이후로는 원하는 방향으로 일이 진행된다.

"이렇게 잘 팔릴 줄은 몰랐어. 이대로라면 우리 곧 부자가 되겠는걸."

스티브는 정말 신이 났다. 물론 돈 버는 것 자체도 좋았다. 하지만 더 좋은 것은 새로운 경험이 주는 즐거움이었다.

그런데 그러한 즐거움은 오래가지 않았다.

스티브와 워즈니악이 블루박스를 만들어 판 행동은 불법이었던 것이다. 전화 회사에서 두 사람이 블루박스를 파는 사실을 알고 신고를 했고, 두 사람은 경찰서로 불려 갔다.

"이게 불법이라는 생각은 하지 못했어요."

"잘못했습니다. 다시는 하지 않겠습니다."

두 사람은 블루박스를 만들어 팔지 않겠다는 각서를 쓰고 나서야 풀려날 수 있었다.

"둘 다 학생 신분이고 충분히 반성한 것 같아서 전화 회사에서 용서해 준 거야."

경찰 아저씨가 말했다.

경찰서에서 나오면서 스티브는 워즈니악에게 사과를 했다. 블루박스를 팔자고 제안한 것이 바로 자신이었기 때문이다.

"형, 미안해. 나 때문에 경찰서까지 가고."

"아냐. 나도 같이 한 일인데 왜 네가 미안해."

"이번 일을 겪으면서 생각한 건데 말이야, 형. 우리 사람들에게 도움이 되는 뭔가를 만들어 보자."

"그래. 나도 그런 생각을 했어. 컴퓨터를 더 연구해서 사람들의 생활에 필요한 컴퓨터를 만들어야겠어."

"좋아. 나는 좋은 컴퓨터를 만드는 회사를 차리고 싶어. 우리 함께 그 꿈을 이루어 나가도록 해, 형!"

두 사람은 하이파이브를 했다.

스티브와 워즈니악은 그때부터 함께 꿈을 꾸기 시작했다. 그 꿈이 구체적이지는 않았다. 하지만 사람들에게 도움이 되는 컴퓨터를 만들겠다는 생각과 세상이 놀랄 만한 그 무언가를 만들겠다는 결심은 분명했다.

9
대학 공부가 전부는 아니야

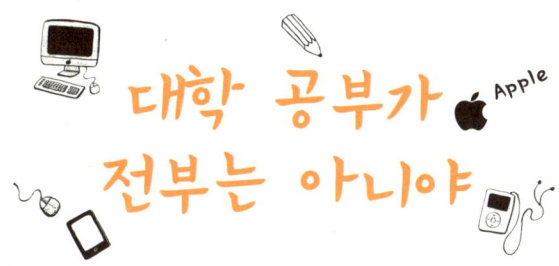

스티브는 1972년에 리드 대학에 입학했다.

처음 스티브가 리드 대학에 가겠다고 했을 때 부모님은 무척 놀랐다.

"넌 전자 공학에 관심이 있는 줄 알았는데 인문 대학에 가겠다고?"

"게다가 그 대학은 집에서 너무 멀잖니?"

"관심이 있는 쪽만 보면 생각이 좁아질 수도 있어요. 전 세상에 대해 더 많이 배우고 싶어요. 그리고 내가 살아가면서 할 수 있는 가장 적합한 일이 무엇인지 알고 싶어요."

늘 그랬듯이 스티브는 자기주장을 굽히지 않았다. 그리고 부모님은 아들을 믿고 스티브의 의견을 존중하였다.

스티브가 리드 대학에 가고 싶어 한 가장 큰 이유는 히피들이 많이 다니는 대학이기 때문이었다.

스티브는 어렸을 때부터 기계를 좋아했다. 특히 고등학교에 입학한 후로는 전자 공학에 깊은 관심을 갖고 그와 관련된 여러 활동을 했다. 하지만 워즈니악처럼 오로지 전자 공학에만 빠져 있지는 않았다. 스티브는 항상 자기 자신에게 물었다.

'난 무엇을 가장 좋아하고 무엇을 가장 잘할까? 그리고 어떤 일을 하며 살아가야 할까?'

그러한 질문은 스티브가 전자 공학 외의 다른 것에도 관심을 갖게 만들었다.

자기 자신에 대한 끊임없는 질문과 탐색 때문인지 열여섯 살이 되면서 스티브의 관심 대상이 조금씩 변하기 시작했다. 전자 공학에 대한 관심이 줄어든 대신 히피 문화에 빠져들기 시작한 것이다.

처음에는 수염은 덥수룩하게 기르고, 머리는 길게 묶은 후 띠를 두르고, 바지는 엉덩이까지 내려 입는 남자 대학생들의 모습이 신기해서 관심을 가졌다.

"왜 머리를 길게 기르고 이상한 옷차림을 하고 다녀요?"

하루는 이웃에 사는 한 대학생 형에게 물었다.

"이건 히피를 상징해. 히피는 젊은이들이 새롭게 만든 문화야. 돈이 최고라는 물질 만능주의에 빠진 사람들에게 맞서 저항하는 거란다. 히피들이 주장하는 것은 자연으로 돌아가자는 거야."

"자연으로 돌아간다고요?"

"응. 자연과 환경을 지키고, 지금까지 우리를 억누르던 것에서 자유로워지자는 거지. 학벌이나 재산, 명예 이런 것에서 말이야. 그저 순수한 영혼을 꿈꾸는 거야."

'난 누구이며, 진정으로 좋아하고 하고 싶은 것은 무엇일까?'라는 질문을 계속하던 스티브에게 그 말은 신선한 충격이었다.

"사회에서 인정받는 문화에 도전하는 정신이라……."

늘 자유로움과 새로움을 꿈꾸던 스티브에게 히피 문화는 매력적으로 다가왔고, 스티브는 히피 문화에 빠져들었다. 그리고 스티브는 히피들의 독특한 차림새와 자유로운 정신세계를 따라 하기 시작했다.

고등학교를 졸업할 무렵, 스티브의 손에는 전자 부품 대신 문학책이 들려 있었다. 머리도 어깨까지 치렁치렁할 정도로 길렀다. 뿐만 아니라 히피들이 모이는 곳을 매일 들락거렸다.

대학을 선택하는 데도 히피 문화가 영향을 미쳤다. 리드 대학을 선택한 이유는 바로 히피 문화가 왕성하게 꽃피고 있는 곳이기 때문이었다. 스티브는 대학에 진학하자마자 동양 철학을 공부하기 시작했고, 내면세계에 관심을 갖게 되었다.

'나는 누구이며 어디서 왔을까? 사회를 위해 내가 할 수 있는 일은 무엇일까? 내가 좋아하는 일을 하면서 사람들에게 도움이 되는 삶을 살 수 있을까?'

철학을 공부하면서 이런 질문을 수도 없이 했다. 그리고 철학에 빠져들수록 학교 공부는 뒷전이 되고 말았다. 당연히 성적은 형편없었다. 하지만 스티브는 성적에 신경 쓰지 않았다. 오히려 학교를 그만두어야겠다는 결심만 강해졌다.

'대학도 마찬가지군. 학교는 내가 원하는 것을 가르쳐 주지 않아. 성적에만 치우치는 학교 공부는 내게 더 이상 의미 없어.'

어떤 결정을 내리면 꼭 실천하는 성격이었던 스티브는 대학을 그만두었다. 고등학교 때와는 달리 부모님과 의논하지도 않고 그만두었다. 학교를 그만두고 나서 부모님께 털어놓았고 부모님은 그런 스티브가 몹시 걱정스러웠다.

"네가 가고 싶어 한 대학이 아니니? 대학을 졸업하지 않으면 취직하기도 어려울 텐데 어쩌자고 학교를 그만둔 거야. 지금이라도 다시 학교로 돌아가렴."

"그래, 이번 일은 아버지도 찬성할 수가 없구나. 네 꿈을 이루기 위해서라도 대학을 다녀야 한다고 생각한다."

그동안 스티브의 부모님은 어떤 일이든 스티브를 믿고 아들의 생각을 존중했다. 하지만 이번 문제만큼은 달랐다.

"대학 문제만큼은 네 생각에 찬성할 수 없구나. 오래전에 말했듯이 네 친어머니에게 너를 대학 공부까지 반드시 시키겠다고 약속을 했다. 우린 그 약속을 지켜야 해."

"아버지, 어머니. 걱정 마세요. 충분히 생각하고 내린 결정이에요. 대학을 졸업한다고 해서 모두 꿈을 이루는 것은 아니에요. 그리고 대학을 다니지 않는다고 꿈을 이루지 못하는 것도 아니고요. 내가 대학을 그만두었다고 꿈까지 버린 건 아니에요. 오히려 꿈을 이루기 위해 그만둔 거예요. 새로운 것을 만들어 세상에 도움이 되는 삶을 살겠다는 제 꿈은 반드시 이룰 거예요."

"취직하기 어려울 텐데. 너를 위해 올바른 결정인지······."

어머니는 특히 걱정을 많이 했다.

"절 모르세요? 대학을 나오지 않고도 취직할 수 있어요. 자신 있어요. 어머니."

스티브는 자신의 진심이 부모님에게 통하기를 바랐다.

"알겠다. 네가 잘 생각해서 내린 결정이라니 너를 믿으마. 하지만 스티브, 한 가지만 약속해 주렴. 꿈을 잃지 마라. 꿈이 없는 삶은 목적이 없는 삶과 같아. 학교를 그만두더라도 꿈을 이루기 위해 노력하겠다고 약속해 주렴."

"네, 아버지. 걱정 마세요. 반드시 그럴 거예요."

스티브가 대학을 그만두었다는 사실이 알려지자 친구들조차 스티브를 쉽게 이해하지 못했다.

하지만 스티브의 생각은 달랐다.

'나는 내 꿈을 이루기 위해 좀 더 빨리 사회생활을 시작할 거야. 취직을 해서 회사에서 여러 가지 기술을 익히고 능력을 키울 거야. 오히려 학교에서보다 더 현실적인 공부를 할 수 있다고 확신해!'

스티브는 꿈에 대한 자신의 열정을 믿었다. 왜냐하면 아주 어렸을 때부터 좋아하는 일이라면 꼭 해냈기 때문이었다. 그리고 자신의 꿈은 사람들을 이롭게 하는 무언가를 만드는 것이며, 그것이 바로 자신이 좋아하는 일이라는 것을 알기 때문이었다. 스티브는 자신이 취직할 만한 곳을 알아보기 시작했다.

10

아타리에 취직하다

"즐기면서 일한다고? 이거 마음에 드는데!"

신문에 구인 광고를 보던 스티브는 자세를 고쳐 앉았다. '아타리'라는 회사의 구인 광고였는데, '즐기면서 일할 수 있다'는 문구가 스티브의 시선을 끌었기 때문이었다.

아타리는 '퐁'이라는 비디오 게임(탁구처럼 스크린 양쪽을 오가는 작은 공을 받아치는 게임)으로 크게 성공한 회사로, 실리콘밸리에서도 이름을 떨치고 있었다.

'음, 회사가 갑자기 커졌다고 하더니 일할 사람이 많이 필요한 모양이네. 좋아! 여기에 한번 도전해 보자!'

다음 날, 스티브는 아타리를 찾아갔다. 그리고 직원 채용을 담당하고 있는 인사부장을 만났다. 그런데 스티브를 보는 인사부장의 표정이 그리 좋지 않았다. 인사부장은 스티브가 가져온 서류를 대충 훑어보더니 이렇게 말했다.

"죄송하지만 당신은 우리가 찾는 자리에 적합하지 않겠군요. 이만 돌아가 주십시오."

스티브는 그 사람이 왜 그런 반응을 보이는지 대충 알 것 같았다.

"제 차림이 마음에 안 드십니까?"

스티브의 질문에 그는 멈칫했다.

"사실 들어올 때 놀랐습니다. 면접을 보러 오는 사람이 히피 차림이라니요?"

"그 이유 말고 또 무엇입니까? 제게 일할 기회를 주지 않으시는 이유 말입니다."

"대학 졸업자도 아니지 않습니까? 일 년밖에 안 다녔군요."

"그 두 가지 이유라면 다시 생각해 주십시오. 두 가지 다 겉모습에 불과하지 않습니까?"

스티브의 말에 인사부장은 놀라는 표정을 지었다.

'절대 물러서지 않을 거야. 외모나 학벌로 사람의 능력을 판단하는 건 옳지 않아. 난 이 회사에 다니고 싶어.'

스티브는 목소리를 가다듬고 다시 말했다.

"저를 한 번 보고 어떻게 판단하십니까? 지금 보신 건 제 능력이 아니라 겉모습이지 않습니까? 저는 꼭 이 회사에서 일하고 싶습니다. 저를 채용해 주실 때까지 여기서 한 발자국도 움직이지 않겠습니다. 경찰을 부르든지 마음대로 하십시오."

스티브도 억지라는 것을 잘 알고 있었다. 하지만 어떤 수를 써서라도 자신의 의지를 보여 주고 싶었다. 인사부장은 스티브를 한참 바라보더니 잠시 후 입을 열었다.

"나보다 한참 어린 사람이니 말을 놓겠네. 자네에게서 뭔가 모를 에너지가 느껴지는군. 특히 그 눈은 새로운 일을 해내고 말겠다는 의지가 담겨 있어. 좋아! 내일부터 우리 회사에서 일하도록 해. 대신 조건이 있네."

"조건이요? 뭡니까?"

스티브는 들뜬 목소리로 물었다.

"다른 직원들이 자네를 어떻게 볼지 모르니 밤에만 근무하도록 해. 다들 게임을 만드는 사람들이라 예민하거든."

"그런 조건이라면 얼마든지 받아들이겠습니다. 저도 밤에 근무하는 게 좋아요."

낮 시간을 자기 마음대로 사용할 수 있다는 점은 스티브에게 오히려 이득이었다.

그렇게 해서 스티브는 아타리에 취직했다. 아타리는 광고 문구처럼 컴퓨터와 게임을 좋아하는 사람에게는 즐기면서 일할 수 있는 곳이었다. 스티브가 하는 일은 다른 직원들이 만든 게임을 먼저 해 보고 나서 사람들이 더 좋아할 수 있도록 아이디어를 제안하는 일이었다.

스티브가 아타리에 취직하자 스티브 못지않게 워즈니악도 좋아했다. 왜냐하면 워즈니악이 퐁 게임을 무척 좋아했기 때문이다. 워즈니악은 일주일에 몇 번씩 스티브를 찾아갔다.

"네 덕분에 마음껏 퐁 게임을 즐기게 되었어. 이건 정말 신나는 일이야."

"내가 그랬잖아. 즐기면서 일한다고. 하하."

그날도 두 사람은 즐겁게 게임을 했다. 어느새 시간은 자정을 지나 새벽이 되었다.

"워즈 형, 이 게임에 말풍선을 만들어 글을 넣으면 어떨까? 예를 들어 공을 놓치게 되면 '오, 안 돼!'라는 글자가 쓰인 말풍선이 뜨는 거지. 어때?"

스티브의 말에 워즈니악이 무릎을 치며 대답했다.

"야, 그거 정말 기발한데? 게임이 훨씬 생동감 있겠어."

워즈니악의 말에 자신감을 얻은 스티브는 그 아이디어를 사장님에게 말했다.

"음, 아주 좋은데? 멋져. 당장 실행에 옮기도록 하지."

사장님도 스티브의 아이디어를 무척 마음에 들어 했다.

"그리고 자네, 퐁 게임 싱글 버전을 한번 만들어 보게. 내가 보기에 자넨 충분히 할 수 있어."

"정말입니까? 고맙습니다."

스티브는 워즈니악과 함께 퐁 싱글 버전을 만들었고, 그 게임은 크게 성공하였다. 그리고 스티브는 회사에서 능력을 인정받게 되었다.

PART 3
도전 정신 하나로 애플사를 설립하다

11
개인용 컴퓨터에서 답을 찾다

아타리에서 일을 하면서도 스티브는 여전히 동양 철학에 빠져 있었다. 밤에는 게임 연구를 했지만 낮에는 철학책을 비롯한 많은 책을 읽었다. 고등학교 때부터 풀리지 않는 의문을 해결하기 위해서였다.

'나는 누구이며 어떻게 살아야 가치 있는가?' 하는 의문은 취직을 하고 열심히 일을 해도 풀리지 않았다.

그러던 어느 날, 스티브는 인도로 떠나기로 했다.

"인도에 가면 마음의 평화를 얻을 수 있고, 삶의 깨달음을 가르쳐 주는 스승도 만날 수 있대."

이렇게 말하는 사람도 있었고, 스티브도 책을 통해서 인도의 매력을 충분히 느끼고 있었기 때문이었다.

그래서 스티브는 친구 댄과 함께 인도 여행을 떠났다. 회사에는 사표를 냈다.

"능력도 인정받고 잘나가고 있는데 사표라니?"

모두 회사를 그만두는 스티브를 이해하지 못했다. 하지만 스티브는 머릿속에 가득한 의문을 풀고 싶었다. 인도 여행을 하면 어떤 깨달음을 얻을 것만 같았다.

그런데 인도에서 지내는 시간이 길어질수록 스티브는 더욱 혼란스러워졌다.

인도에 오면 어떤 답을 구할 수 있을 것 같았지만 현실은 달랐다. 스티브는 실망했다. 하지만 무엇이 되었든 답을 얻지 못한 채 돌아갈 수는 없었기에 여행을 계속했다.

'그래, 어쩌면 답은 내 안에 있을지 몰라. 밖에서 답을 찾기보다 내 속을 들여다보자.'

실망과 혼란스러운 마음을 가라앉히려고 노력하자 스티브의 마음이 조금씩 차분해졌다. 스티브는 자신이 인도를 찾은 이유부터 다시 물었다.

'내가 무엇을 해야 의미 있는 삶을 살 수 있을까? 결국 이 질문에 답을 찾기 위해서 인도로 온 거야.'

생각을 정리하자 스티브는 인도에서 답을 구할 수 없다는 생각이 들었다.

'나는 다른 사람들에게 도움을 주는 일을 하고 싶어. 어쩌면 내가 읽었던 철학책이나 철학가들에게만 답이 있는 게 아닐지 몰라. 혁명가들이나 철학가들만 세상을 바꿀 수 있는 게 아냐. 오히려 에디슨처럼 사람들이 편리한 생활을 하도록 돕는 물건들을 만드는 게 더 의미 있는 일일 수 있어. 그래, 내가 좋아하는 일을 하며 사는 것, 그게 바로 내가 원하는 삶이야.'

스티브는 자신이 그토록 찾고 있던 답을 예전부터 알고 있었다는 사실을 깨달았다.

'삶의 정답은 내게 있었어. 내가 좋아하는 일을 하면 되는 거야. 내가 좋아하는 일은 내가 제일 잘할 수 있으니까 분명 사람들에게 어떤 식으로든 도움을 줄 수 있을 거야!'

스티브는 에너지로 가득 찬 마음으로 주변을 돌아보았다. 그러니 세상이 다르게 보였다.

"댄, 이번 여행은 내게 무척 좋은 여행이었어. 갈팡질팡하며 정확한 목표를 세우지 못하던 나에게 답을 주었으니까. 난

내가 좋아하는 전자 공학으로 세상을 바꿀 거야."

스티브는 불을 켠 듯 환해진 마음으로 미국으로 돌아가는 비행기에 올랐다.

'돌아가면 다시 아타리에서 일할 수 있는지 알아봐야겠어. 그 일은 내가 하고자 하는 일에 도움이 돼. 그리고 전자 공학을 더 열심히 연구해서 세상을 바꾸는 깜짝 놀랄 만한 물건을 만들고 말겠어. 내가 만든 그 무엇으로 사람들이 더 편리하고 풍요로운 삶을 누릴 수 있게 할 거야.'

스티브는 창밖 구름을 보며 결심했다.

인도 여행은 스티브에게 아주 유익했다. 어떻게 살아야 할지 확고한 결심을 하게 해 주었고, 명상의 힘도 가르쳐 주었기 때문이다. 명상은 그 이후로도 어려운 일이나 복잡한 상황이 생겼을 때 스티브에게 생각을 정리할 수 있는 힘과 지혜를 주었다. 복잡한 머릿속을 깨끗하게 비워 주었고, 그 빈자리를 좋은 생각이나 방법으로 채워 주었다.

여행에서 돌아온 스티브는 아타리에 찾아가서 다시 일하고 싶다고 말했다.

"그래, 여행에서 좋은 생각은 많이 했나? 다른 사람은 몰라도 자네 능력은 모두 알고 있으니 다시 함께 일해 보세."

"고맙습니다. 더 열심히 일하겠습니다."

스티브는 아타리에서 다시 일을 시작하였다. 그리고 '홈브루 컴퓨터 클럽(Homebrew Computer Club)'이라는 동호회에도 가입하여 열심히 활동했다.

홈브루 컴퓨터 클럽은 개인용 컴퓨터 시대가 올 것이라고 내다본 밥 앨브레히트와 몇몇 동료들이 실리콘밸리에서 만든 클럽이었다.

'왜 컴퓨터를 정부와 대기업, 그리고 대학교에서만 사용할 수 있는 걸까?'

'이제 개인들도 컴퓨터를 쓸 수 있어야 해.'

클럽 회원들은 이렇게 생각했다. 그리고 그들은 서로 아이디어를 주고받으며 다른 사람보다 먼저 더 좋은 결과를 내기 위해 선의의 경쟁을 펼쳤다.

휴렛팩커드에서 일하고 있던 워즈니악 역시 스티브와 함께 이 클럽에서 열정적으로 활동했다.

스티브가 스물한 살이 된 1975년의 어느 날이었다.

홈브루 컴퓨터 클럽 회원들은 그 어느 때보다 흥분하고 들

떠 있었다.

"드디어 개인용 컴퓨터 시대가 열린 거야."

"정말 놀랍지 않아? 이렇게 작게 만들다니······."

사람들은 짝을 지어 잡지를 보고 있었다. 그 잡지의 표지에는 세계 최초의 개인용 컴퓨터인 알테어8800의 사진이 실려 있었다. 알테어8800는 키보드도 모니터도 없이 달랑 본체만 있었다. 많은 사람이 놀라움을 감추지 못했다.

스티브와 워즈니악도 마찬가지였다.

"진짜 멋지지? 정말 대단해."

"분명 개인용 컴퓨터 시대가 올 거라 생각했어."

알테어8800에 대해 이야기하던 워즈니악이 조그만 소리로 스티브에게 말했다.

"스티브, 저기 좀 봐. 빌 게이츠와 폴 앨런도 있어."

빌 게이츠와 폴 앨런은 컴퓨터에 관심 있는 사람들 사이에선 이미 컴퓨터 천재로 알려져 있었다.

"두 사람이 알테어8800에 맞는 프로그램을 만들고 있대."

워즈니악의 말에 스티브는 아무 대답도 하지 않았다. 한 가지 생각을 골똘하게 하고 있었기 때문이다.

"워즈 형, 우리는 사람들에게 필요한 컴퓨터를 만들기로 약속했잖아. 이제 때가 온 것 같아. 사실 난 얼마 전부터 개인용 컴퓨터를 만들고 있었어. 다 만들면 형에게 보여 줄게."

"역시 넌 항상 무언가를 하는구나. 시간을 절대 낭비하지 않아. 사실 나도 컴퓨터 회로 기판을 하나 만들고 있어. 곧 완성될 것 같으니 그때 보여 줄게."

개인용 컴퓨터의 등장은 스티브에게 큰 자극이 되었다. 스티브는 회사나 정부만이 아니라 개인들도 컴퓨터를 사용하면 좋겠다고 늘 생각했다. 그래서 개인용 컴퓨터의 시작이라 할 수 있는 알테어8800은 꿈을 이루겠다는 그의 도전 정신을 일깨워 주었다.

얼마의 시간이 흐른 1975년 겨울의 어느 날, 워즈니악이 들뜬 표정으로 스티브를 찾아왔다.

"내가 만든 새로운 인쇄 회로 기판(각 전자 부품을 전기적으로 연결해 주는 기판)이야. 컬러 화면을 볼 수 있도록 만든 거야. 텔레비전을 모니터로 사용할 수 있게 만들었어."

스티브는 워즈니악이 보여 주는 회로 기판을 유심히 살펴보았다. 그건 정말 대단했다. 스티브는 흥분하였다.

"워즈 형! 이건 정말 굉장해. 가을에 보여 준 회로 기판도 멋졌는데 이건 더 완벽해! 역시 형은 대단해. 이거라면 사람들이 원하는 컴퓨터를 만들 수 있을 거야."

"네가 내게 용기를 주려고 그러는 거 알아. 고마워. 하지만 클럽 회원들은 이걸 보고 시큰둥했어. 그래도 좀 더 연구하면 되지 않을까?"

"아냐, 빈말이 아니야. 물론 더 연구하면 할수록 좋은 것이 나오겠지만 지금도 훌륭해."

"스티브 넌 항상 자신감이 넘쳐서 좋아. 너의 그런 태도는 내게 무척 힘이 돼. 하지만 좀 더 보강해야 할 부분이 많아. 스티브 너랑 함께 만들면 더 좋은 메인보드를 만들 수 있을 거야."

"좋아, 그럼 함께 만들자. 전자 공학의 천재인 형보다 내가 잘 만들 수는 없겠지만, 사람들이 무엇을 원하는지는 알 수 있어."

그렇게 해서 두 사람은 워즈니악이 만든 회로 기판을 더 완벽하게 만들기 위해 몇 날 며칠 밤을 지새웠다. 그들이 밤을 새우면서 함께 작업한 곳은 바로 스티브네 차고였다.

12

사업을 하는 거야

"드디어 됐어! 형이 해낸 거야. 이건 정말 훌륭해!"

스티브는 워즈니악의 어깨를 치며 소리쳤다. 함께 작업한 지 며칠이 지난 후 워즈니악이 만들었던 인쇄 회로 기판은 더 새롭고 멋진 회로 기판으로 발전했다. 그리고 그것으로 조립하여 만든 컴퓨터는 알테어8800보다 훨씬 작고 기능도 좋았다. 스티브는 눈으로 보면서도 믿을 수가 없었다.

"대단해. 많은 사람이 이 컴퓨터를 탐낼 거야."

"네가 함께한 덕이야. 이제는 홈브루 클럽에 가져가도 되겠지? 지난번처럼 별것 아니라는 반응은 안 나오겠지?"

"아냐 아냐, 형. 내 생각은 달라. 클럽에 가져가기 전에 먼저 보여 줄 곳이 있어."

"응? 어디?"

"형, 잘 들어 봐. 컴퓨터 애호가들은 자신이 직접 컴퓨터를 조립하고 싶어 하잖아. 그래서 잘 만들어진 인쇄 회로 기판을 원해. 형이 만든 회로 기판은 바로 그런 사람들이 원하는 거야. 그들이 이걸 산다면 우린 큰돈을 벌 수 있어."

"이걸 판다고?"

워즈니악은 놀란 얼굴이었다.

"응. 하지만 우리 둘이서 하기는 힘들어. 그러니까 이걸 컴퓨터 회사에 파는 거야. 예를 들면 형이 일하는 휴렛팩커드 같은 곳에 말이야."

"휴렛팩커드에서 이 컴퓨터에 관심이나 가질까? 회사에는 나보다 뛰어난 사람들이 얼마나 많은데……."

"형이 만든 건 정말 새로운 컴퓨터를 만들 수 있는 회로 기판이야. 휴렛팩커드 같은 큰 회사에서 이것의 상품성을 알아준다면 형은 능력을 인정받을 거야. 그리고 우리가 앞으로 해야 할 일도 분명해질 거고."

"그렇게 되면 나야 좋지. 하지만 과연 회사에서 이 회로 기판의 가치를 인정해 줄까?"

"난 확신해. 충분히 그럴 만한 가치가 있어. 형도 많은 사람이 컴퓨터를 사용할 수 있기를 바라잖아. 이게 그것을 가능하게 할 거야."

"스티브, 너는 불가능을 모르는구나. 항상 자신감 넘치고. 나는 늘 너의 추진력을 부러워하고 있었어. 나까지 에너지가 생겨. 좋아! 한번 해 보자."

두 사람은 새로운 회로판으로 조립한 컴퓨터를 휴렛팩커드 회장에게 자세히 설명했다.

"알테어8800보다 작군. 이걸 정말 자네들이 직접 만들었단 말이지?"

"사실은 워즈니악이 거의 다 만들었지요. 이건 알테어8800보다 크기가 작을 뿐 아니라 성능도 훨씬 뛰어납니다. 하지만 자금이 부족해서 키보드와 모니터를 아직 만들지 못했습니다.

우리의 기술을 휴렛팩커드에서 사 준다면 컴퓨터가 세상을 바꾸는 데 큰 역할을 할 수 있다고 자신합니다."

스티브는 자신 있게 말했다. 회장은 한동안 컴퓨터를 살펴보았다.

"흥미가 생기기는 하네. 하지만 나 혼자 결정할 수는 없는 일이라서 일단 회의를 하고 나서 연락을 주겠네."

휴렛팩커드에서 나온 두 사람은 기대에 부풀었다.

"틀림없이 잘될 거야!"

며칠 후 휴렛팩커드에서 연락이 왔다. 하지만 스티브가 원하던 대답은 들을 수 없었다.

"분명 알테어8800보다 작게 만들기는 했지만 잘 팔릴 거라는 확신이 들지 않는다는 회의 결과가 나왔네. 성능과 품질에 대한 혹평도 많이 나왔고. 직원들이 워낙 거세게 반대해서 어쩔 수가 없었네."

워즈니악은 몹시 상심했다.

"품질과 성능에서 혹평이 나왔다니······. 사람들이 제대로 본 게 아닐 거야."

속이 상해서인지 워즈니악의 목소리는 떨렸다.

"어쩌면 우리에게 잘된 일인지도 몰라."

풀이 죽어 있는 워즈니악에게 스티브가 말했다.

"잘되었다니, 그건 또 무슨 말이야?"

"형, 휴렛팩커드에서 우리 제안을 거절한 게 오히려 우리에게는 더 큰 기회가 될지도 몰라. 무슨 말이냐면, 우리가 직접 회로 기판을 만들어 파는 거야. 그럼 이익도 더 많아지고. 어때?"

"우리가 직접 판다고?"

"응, 형은 만들어. 파는 것은 내가 할게. 난 자신 있어."

"근데 문제는 무슨 돈으로 회로 기판을 계속 만드느냐는 거지. 우린 돈이 없잖아."

워즈니악의 말이 맞았다. 스티브는 잠시 생각에 잠겼다. 그리고 말했다.

"길이 보이지 않는다고 포기하면 안 되지. 우리가 진정으로 바란다면 분명 방법이 있을 거야. 돈은 구하면 되지. 우선 몇 개만 만들 돈을 마련하자. 그걸 팔아서 돈이 생기면 또 만들 수 있잖아. 난 내 차를 팔겠어."

"좋아. 그럼 난 계산기를 팔겠어."

두 사람은 각자 가장 아끼던 물건을 팔기로 했다.

"그리고 형, 우리가 지금부터 하려는 것은 사업이야. 우리는 컴퓨터 회사를 차리는 거라고. 당연히 일도 조직적으로 해야 해. 지금처럼 형이 회사를 다니면서 취미 삼아 할 수 없어. 다른 회사에서 월급쟁이로 일하는 것보다 자기 회사를 만들어 키워 나가는 게 좋지 않아?

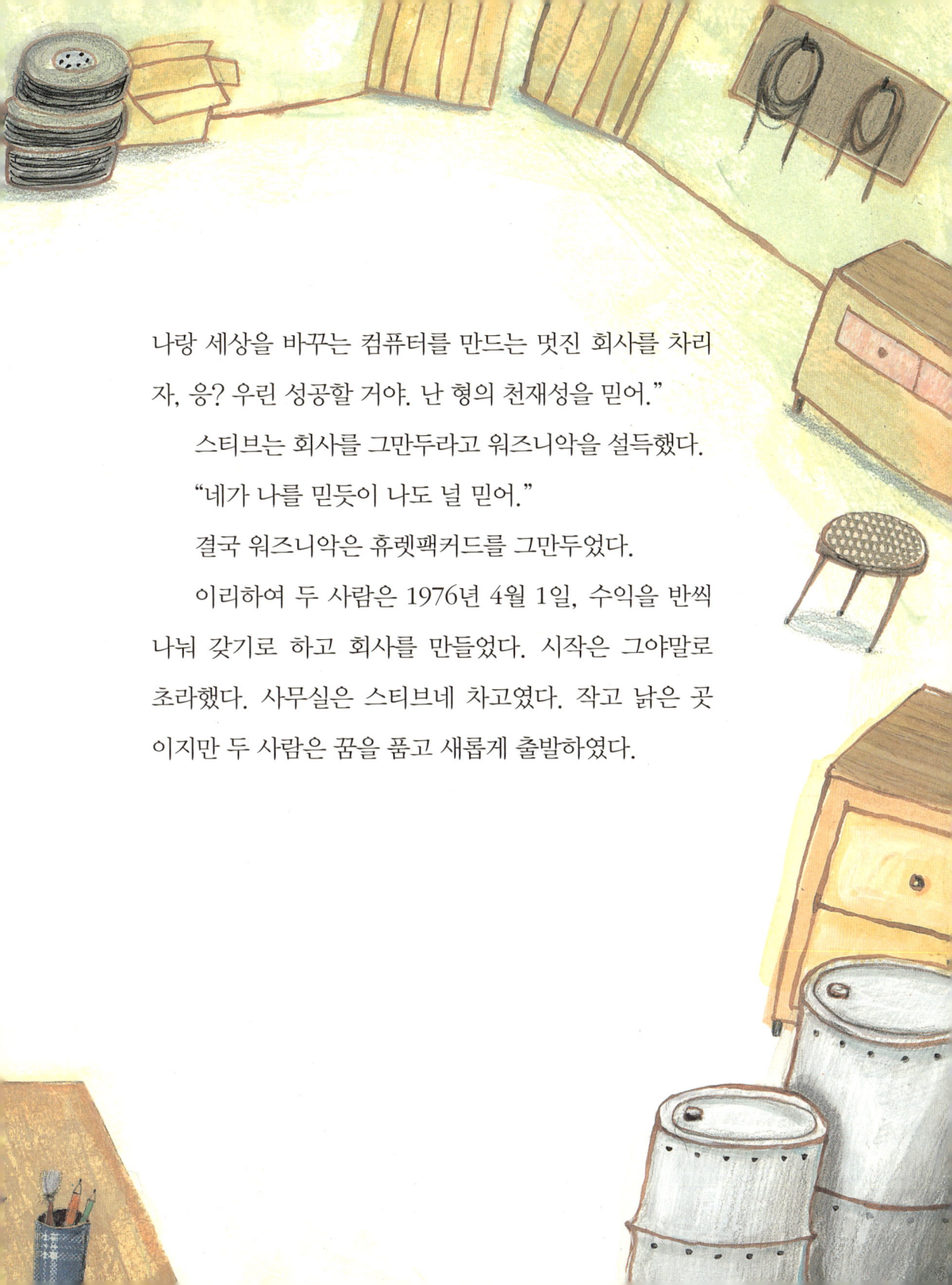

나랑 세상을 바꾸는 컴퓨터를 만드는 멋진 회사를 차리자, 응? 우린 성공할 거야. 난 형의 천재성을 믿어."

스티브는 회사를 그만두라고 워즈니악을 설득했다.

"네가 나를 믿듯이 나도 널 믿어."

결국 워즈니악은 휴렛팩커드를 그만두었다.

이리하여 두 사람은 1976년 4월 1일, 수익을 반씩 나눠 갖기로 하고 회사를 만들었다. 시작은 그야말로 초라했다. 사무실은 스티브네 차고였다. 작고 낡은 곳이지만 두 사람은 꿈을 품고 새롭게 출발하였다.

13

"사업을 시작했으니 제일 먼저 회사 이름을 정해야 해."
스티브의 말에 워즈니악도 동의했다.
"사람들이 기억하기 좋은 이름이어야 하는데……."
"그래, 그리고 좋은 이미지를 줄 수 있는 이름!"
두 사람은 좋은 이름을 고르기 위해 생각하고 또 생각했다.
하지만 회사 이름을 짓는 것은 그리 쉽지 않았다.

스티브는 오리건 주의 사과 농장을 찾아갔다. 스티브는 마음이 답답하거나 생각이 막힐 때면 그곳을 찾아 명상을 하곤 했다.

이번에도 명상을 한 효과는 좋았다. 좋은 이름이 떠오른 것이다. 스티브는 사무실로 돌아와 워즈니악에게 말했다.

"좋은 이름이 떠올랐어. 애플, 애플! 어때? 애플 컴퓨터!"

"애플? 음, 좋은데? 간단해서 기억하기 좋으면서도 고급스런 느낌까지 드는데?"

"애플은 자연 친화적인 이름이야. 애플 컴퓨터! 딱딱한 기계에 생명을 불어넣는 느낌이 들지 않아?"

"그렇게 생각하니 더 괜찮은데? 자연과 과학의 조합이라……. 훌륭해."

"게다가 말이야……."

스티브는 잠시 말을 멈추고 개구쟁이처럼 씩 웃었다.

"애플은 전화번호부에 아타리보다 먼저 나와."

"하하. 그거 좋은데?"

이렇게 해서 스티브와 워즈니악이 만든 회사 이름이 정해졌다. 애플사.

애플의 로고는 한 입 베어 먹은 사과 모양인 '바이트(Bite) 애플(Apple)'이다. 바이트(Bite)는 비트(Bit)와 바이트(Byte)의 모양과 발음이 비슷해서 사람들에게 친근하다는 반응이었다.

회사 이름을 '애플'로 정하고 나서 본격적으로 사업을 시작했다. 워즈니악은 자신이 만든 회로 기판을 더 업그레이드했고, 그 회로 기판으로 두 사람은 컴퓨터를 만들었다.
"우리 애플의 첫 작품이야. 그리고 이름은 애플 I 이야. 어때, 멋지지?"
"애플 I 이라, 정말 감격스럽다."
스티브가 애플의 첫 작품의 이름을 '애플 I'이라고 정한 이유는 앞으로 계속 제품을 만들겠다는 의지를 표현하기 위해서였다.
그런데 회로 기판을 계속 개발하고 새로운 컴퓨터를 만들려면 돈이 필요했다. 하지만 아직 20대인 두 사람은 빈털터리였다. 사업을 시작하면서 스티브는 자동차를, 워즈니악은 계산기를 팔았지만 그 정도의 돈으로는 부품을 사기에 턱없이 부족했다.
'이제부터 내 능력을 발휘해야 해. 워즈 형이 연구에 몰두할 수 있도록 내가 자금을 구해야 해.'
스티브는 돈 때문에 의기소침해 있는 워즈니악에게 자신 있게 말했다.

"형, 걱정하지 마. 돈은 내가 알아서 할게. 이런 일은 내게 맡기고 형은 계속 연구에 집중해."

스티브는 애플 I을 들고 홈브루 클럽부터 찾았다.

'컴퓨터에 미쳐 있는 사람들의 반응을 살펴보자. 그곳에서 우리 제품에 관심을 가지는 사람을 만날지도 몰라.'

클럽에 가니 역시 많은 사람이 모여 있었다.

"잠깐만요. 잠시만 저에게 주목해 주세요. 제가 여러분에게 소개할 컴퓨터가 있어요."

스티브는 자신 있게 애플 I을 소개했다. 그런데 기대와 달리 클럽 회원들은 애플 I에 좋은 점수를 주지 않았다.

"그다지 새롭지 않은데?"

"이 정도 회로 기판은 많이 봤어."

하지만 스티브는 포기하지 않았다. 주눅도 들지 않았다. 스티브는 계속해서 애플 I의 장점에 대해 열변을 토했다. 그래도 대부분의 회원들은 시큰둥한 반응을 보였다.

"초보가 만든 솜씨 같은데? 사용된 칩도 싸구려고."

다들 이런 말에 동조하는 분위기였다. 그래도 스티브의 목소리는 줄어들지 않았다. 남들이 뭐라 하든 끝까지 설명하고 클럽을 나왔다.

'분명 멋진 컴퓨터인데, 왜 다들 관심이 없는 걸까? 내가 설명을 못 한 걸까?'

스티브는 자신감을 잃어 갔다. 그런데 클럽을 찾은 다음 날 '폴 테럴'이라는 사람이 전화를 걸어왔다.

"난 폴 테럴이라고 하네. 어제 홈브루 클럽에서 자네가 애플Ⅰ을 소개하는 걸 들었어."

"아, 네!"

반가운 마음에 스티브는 자리에서 벌떡 일어나 전화를 받았다.

"사람들의 반응이 시원찮은데도 열정적으로 설명하는 자네가 인상적이었네. 난 컴퓨터와 관련된 것을 팔고 있어. 항상 판매할 물건이 필요하지. 어제 본 애플Ⅰ에 관심이 있으니 우리 가게로 찾아오지 않겠나?"

스티브는 당장 애플Ⅰ을 들고 폴의 가게를 찾아갔다.

"하나에 500달러를 주겠네. 회로 기판을 50개 정도 만들어 줄 수 있나?"

"네?"

스티브는 폴의 말을 믿을 수가 없었다.

'500달러에 50개면 2만5천 달러야. 우리에게 필요한 자금을 해결하고도 남는다고!'

주저할 이유가 없었다. 스티브는 들뜬 목소리로 대답했다.

"물론이죠. 가능합니다."

"단 조건이 있어. 완제품을 가져와야 해."

"네, 알겠어요."

드디어 애플의 첫 거래가 이루어졌다. 애플과 첫 거래를 한 폴은 훗날 컴퓨터 체인점인 '바이트 숍(Byte Shop)'을 만든 사람이다.

두 사람은 첫 거래의 기쁨을 누리기도 전에 어려움에 부딪혔다. 왜냐하면 50개의 회로 기판을 만들기 위해서는 충분한 돈이 필요했기 때문이다.

'돈을 마련하는 것은 내가 할 일이야. 워즈 형은 개발에 집중해야 하니까.'

스티브는 실리콘밸리를 돌아다니며 폴의 주문장을 보여 주며 말했다.

"우리가 주문을 따냈어요. 보세요, 이게 주문장입니다. 그런데 저희는 부품을 구입할 돈이 부족합니다. 저희를 믿고 돈을 빌려주시면 완제품을 팔아서 바로 갚겠습니다."

하지만 이제 막 사업을 시작한 스물한 살 청년에게 선뜻 돈을 빌려주는 사람은 없었다. 하지만 좌절하지 않았다.

'쉬운 일만 한다면 결코 남보다 뛰어날 수 없어.'

이번에는 '키럴프 일렉트로닉스(Kierulff Electronics)'라는 대형 부품 상점으로 갔다.

'돈을 구하지 못하면 외상으로 부품을 살 수밖에 없어. 물론 이것도 불가능할지 몰라. 하지만 직접 부딪혀 보는 거야.'

스티브는 키럴프 일렉트로닉스의 지배인을 찾아갔다.

"애플사는 이제 막 사업을 시작했습니다. 하지만 머지않아 컴퓨터 업계에서 이름을 떨치는 회사가 될 것입니다. 자신 있습니다. 이것이 우리의 첫 주문장입니다. 하지만 부품을 살 돈이 없습니다. 저희를 믿고 외상으로 부품을 주십시오. 돈을 받으면 바로 결제하겠습니다."

키럴프의 지배인인 밥 뉴턴은 스티브를 가만히 쳐다보았다.

"이것만 믿고서 2만 달러가 넘는 부품을 외상으로 달란 말이지? 용기 한번 대단하군. 하지만 당장 답을 줄 수는 없네. 이 주문장이 사실인지 알아보고 연락을 주겠네."

일단 긍정적인 반응이라 안심이 되었다. 하지만 스티브는 그 자리에서 물러날 생각이 없었다. 일은 확실하게 마무리 지어야 한다고 생각했기 때문이다.

"죄송하지만 지금 당장 결정해서 답을 주십시오. 저희에겐 매우 중요한 일입니다. 약속 시간까지 제품을 만들어야 하기 때문에 시간이 없습니다. 결정하실 때까지 여기서 꼼짝하지 않고 기다리겠습니다."

"참, 고집 한번 알아줘야겠군."

밥 뉴턴은 스티브가 보는 앞에서 폴 테럴과 통화를 했다. 그리고 그 자리에서 바로 외상 영수증을 끊어 주었다.

스티브가 돈을 구하러 다니는 동안 워즈니악은 가지고 있던 부품으로 회로 기판을 만들었다. 필요한 부품이 다 마련되자 두 사람은 완제품을 만드느라 정신이 없었다. 친구인 댄 코트키와 스티브의 여동생 패티까지 도와주었다.

드디어 제품을 납품하기로 한 날이 되었다. 스티브는 완성된 회로 기판을 들고 폴을 찾아갔다. 그런데 문제가 생겼다.

"내가 분명 완제품을 가져오라고 하지 않았나? 완전히 조립된 컴퓨터 말일세."

폴이 스티브에게 주문한 것은 회로 기판으로 조립한 완전한 컴퓨터였다. 키보드와 모니터가 달린 컴퓨터. 하지만 스티브가 가져간 것은 회로 기판의 완제품이었다.

"제가 말씀을 잘못 이해한 모양입니다."

스티브는 회로 기판을 사겠다는 말로 알아들었던 것이다.

"내가 생각한 거래는 아니지만 약속한 대로 대금을 지불하겠네. 자네의 열정에 대한 대가일세."

폴은 착오가 있었는데도 회로 기판을 받고 돈을 지불했다.

스티브와 워즈니악은 수표를 받고 매우 기뻐 아이처럼 팔짝팔짝 뛰었다.

"우리 애플의 첫 매출이야."

"정말 가슴이 벅차!"

두 사람의 기쁨은 거기서 멈추지 않았다.

애플Ⅰ이 다른 제품보다 성능이 우수하다는 사실은 늘어나는 주문량으로 확인되었다. 그해 말 애플은 약 150대의 컴퓨터를 납품하였고 10만 달러(우리 돈으로 약 1억 원 정도)의 매출을 기록했다. 작고 낡은 차고에서 시작한 사업치고는 훌륭한 출발이었다.

14

미래를 내다본 애플컴퓨터 II의 등장

"형, 애플 I 이 이대로만 팔린다면 우리 애플사의 앞날은 활짝 열릴 거야."

스티브의 말에 워즈니악도 고개를 끄덕이며 환하게 웃었다.

성공적인 첫 거래 덕에 스티브는 더욱 자신감에 넘쳤다.

애플 I 을 세상에 선보인 1976년 여름, 애틀랜틱시티에서는 개인용 컴퓨터 시대를 여는 '제1회 개인용 컴퓨터 축제'가

1. PERSONAL COMPUTER Festival

열릴 예정이었다.

"이 축제에 우리가 빠질 수 없지. 그곳에서 폴 테럴 같은 투자자를 만날 수 있을지도 몰라."

스티브는 큰 기대감을 안고 애틀랜틱시티로 향했다. 하지만 그 기대감은 행사장을 다 둘러보기도 전에 바람 빠진 풍선처럼 꺼졌다. 행사장에는 스티브가 생각하지도 못한 놀라운 제품들이 많이 있었다. 진열된 제품 중에는 번쩍거리는 금속 케이스로 포장된 멋진 모습에 플러그만 꽂으면 바로 사용할 수 있는 완전한 컴퓨터도

있었다. 그에 비하면 두 사람이 가지고 간 애플 I 은 너무나 초라했다.

뿐만 아니라 행사에 대한 준비도 소홀했다는 점을 인정해야 했다. 부스도 보잘것없었다. 스티브가 마련한 판매대는 노란색 커튼을 사방으로 친 조그만 부스였다. 그에 반해 다른 회사들은 크고 번쩍거리는 부스를 준비했으며, 그 안에서 엔지니어들이 컴퓨터를 직접 작동하며 제품 홍보에 열을 올리고 있었다.

스티브는 자신의 한계를 인정할 수밖에 없었다.

'난 여러 가지 면에서 우물 안 개구리에 불과했구나.'

하지만 스티브는 자신이 처한 현실을 인정하면서도 주눅 들지 않았다.

'우리가 우물 안 개구리였다는 것은 인정해. 하지만 기죽을 필요는 없어. 이러한 현실을 알았다는 것이 중요하지.'

스티브는 돌아오는 길에 워즈니악에게 말했다.

"애틀랜틱시티에서 우리의 위치가 어느 정도인지 알게 되었어. 형도 그랬지? 하지만 좋은 경험이었다고 생각해. 우리가 이제부터 무엇을 해야 할지 알게 해 줬으니까. 애플 I 을 보강해서 기능이 더 좋은 회로 기판을 만들자. 그리고 키보드와 합

체된 완전한 컴퓨터를 만들어야겠어. 행사장에서 본 것보다 더 좋은 컴퓨터 말이야."

"나도 알아. 하지만 그게 말처럼 쉬운 일이 아니잖아?"

"말처럼 쉬운 일이 아니지. 그러니까 도전하는 거야. 이제 명실상부한 개인용 컴퓨터 시대가 열렸어. 사람들은 사자마자 바로 사용할 수 있는 완전한 컴퓨터를 원해. 형, 우리는 할 수 있어. 형은 할 수 있다고!"

"좋아. 늘 도전해 왔으니 다시 하는 거야. 다음 행사에서는 우리 애플이 사람들의 관심을 가장 많이 끌 수 있도록 해 보자."

"고마워, 형."

워즈니악에게 제품 개발을 맡긴 다음, 스티브는 자기 나름대로 사람들을 만나며 바쁘게 지냈다. 그 이유는 새로 태어날 컴퓨터에 날개를 달아 주기 위해서였다.

'아무리 좋은 제품이라도 사람들의 시선을 끌지 못하면 그 진가를 발휘하기 힘들어. 그래서 필요한 게 바로 광고야.'

그런데 스티브는 광고에 대해서는 잘 알지 못했다.

'최고의 광고 전문가를 구해야 해. 내가 모르는 분야는 그 분야에서 최고의 실력을 갖춘 사람의 도움을 받으면 돼. 내가

전부 잘할 필요도 없고, 그럴 수도 없어.'

스티브는 신문이나 텔레비전에 나오는 광고를 눈여겨보았다. 그리고 신선하고 기발한 아이디어가 돋보이는 광고들을 발견했다. 그 광고를 만든 회사는 레지스 매키너 에이전시였다.

"여긴 반도체 회사 인텔의 광고를 획기적으로 만들어서 유명하잖아? 근데 우리처럼 작은 회사 광고도 맡아 줄까?"

워즈니악은 걱정을 했다. 스티브도 그랬지만 해 보기도 전에 포기하는 것은 스티브의 성격에 맞지 않았다.

스티브는 당장 그 회사로 전화를 걸어 담당자에게 광고를 맡아 달라고 했다. 하지만 그는 한마디로 거절했다.

"죄송합니다. 광고를 맡기에는 애플사가 너무 작습니다."

하지만 스티브는 그대로 물러나지 않았다. 담당자가 귀찮을 정도로 하루에도 여러 번, 일주일 넘게 전화를 걸었다. 결국 사장인 매키너를 만나게 되었고, 스티브는 매키너에게 성심껏 애플의 미래와 꿈을 설명했다. 그런 다음 정중히 부탁했다.

"미래를 보시고 우리 회사 광고를 맡아 주세요."

"스티브, 당신은 재능도 있고 남을 설득하는 재주도 가졌군요. 좋습니다. 애플사의 미래를 보고 일을 맡겠소."

결국 매키너는 애플의 광고를 맡겠다고 승낙했다.

그것으로 끝이 아니었다. 광고를 하려면 돈이 필요했다. 뿐만 아니라 애플Ⅰ의 문제점을 보완하여 더 좋은 컴퓨터를 만들기 위해서라도 자금이 필요했다.

스티브는 투자자를 모으기 위해 매일 뛰어다녔다. 그러던 어느 날, '마쿨라'라는 사람이 투자를 하겠다고 나섰다.

"애플사와 당신의 꿈을 설명하는 당신에게서 진심이 느껴졌소. 내가 투자를 하겠소."

누군가의 투자가 없으면 아무것도 할 수 없는 상황이었기 때문에 스티브는 마쿨라의 말을 듣고 뛸 듯이 기뻤다.

든든한 투자자가 생긴 애플은 하루가 다르게 빠른 속도로 성장했다. 회사도 차고에서 벗어났다. 그리고 드디어 애플Ⅰ을 수정하고 발전시킨 애플Ⅱ가 나왔다.

"대성공이야. 다른 컴퓨터는 키보드로 복잡한 명령어를 입력해야만 사용할 수 있잖아. 하지만 애플Ⅱ는 명령어를 모르는 사람도 쉽게 컴퓨터를 사용할 수 있게 만들어졌어."

"거기에다 필요한 부품을 꽂기만 하면 간단하게 성능을 향상시킬 수도 있어. 사람들이 가장 놀랄 부분은 바로 컬러 화면이라는 점이지. 분명 많은 사람이 애플Ⅱ를 찾을 거야."

스티브와 워즈니악은 기쁨을 감추지 못했다. 그리고 기대대로 애플Ⅱ는 날개 달린 듯 팔려 나갔다.

"사실 네가 '이런 기능을 추가해라, 이런 것이 가능하도록 해라'라며 뭔가를 요구할 때마다 정말 힘들었어. 그런데 그것을 만족시키기 위해 노력하다 보니 애플Ⅱ의 성능과 디자인이 훨씬 좋아졌어. 스티브, 넌 정말 미래를 내다보는 눈을 가졌어."

사실 스티브는 워즈니악과 기술자들이 애플Ⅱ를 만드는 동안 끊임없이 새로운 요구를 했다.

"사용자가 몰라도 되는 장치는 하드웨어 속에 다 집어넣을 수 없을까?"

"내가 명상을 하다 보면 컴퓨터의 소음이 심해서 집중하기 어려울 때가 있어. 컴퓨터 소음을 없애는 방법은 없을까?"

스티브의 요구에 워즈니악과 기술자들은 난감해 했다. 하지만 그들은 결국 해냈다.

스티브의 요구가 반영된 애플Ⅱ는 그 어떤 컴퓨터보다 뛰어났다. 많은 사람이 뛰어난 성능과 멋진 겉모습에 소음까지 적은 애플Ⅱ를 사고 싶어 했다.

1976년에 워즈니악과 함께 작고 낡은 집 차고에서 시작한 애플사는 승승장구했다. 그리고 4년 만인 1980년에는 직원이 200명으로 늘어났고, 얼마 지나지 않아 천 명으로 늘어났다. 세계 곳곳에 애플 공장이 세워졌다. 애플의 성공과 함께 애플의 로고인 무지개 색깔의 사과 마크까지 크게 유행했다.

　애플사는 그 어떤 회사보다도 짧은 기간 안에 성공했다. 그리고 스티브는 경제 전문지 《포브스》에서 뽑은 400대 유명 인사에 가장 어린 나이로 뽑혔다. 뿐만 아니라 2억 달러가 넘는 재산을 가진 억만장자가 되었다. 그의 나이 겨우 스물다섯 살이었고, 많은 미국 젊은이가 스티브를 우상으로 여겼다.

PART 4

창의적인 생각으로 늘 새롭게 사는 거야

15
애플사에서 할 수 있는 일이 없어

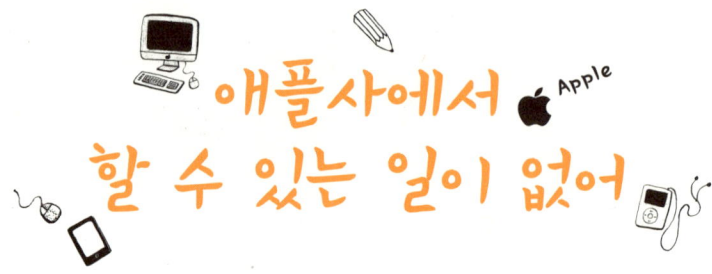

애플Ⅱ로 큰 성공을 거두었지만 스티브의 마음 한구석은 여전히 허전했다.

'오늘의 성공은 워즈 형과 나, 우리 두 사람이 노력한 결과야. 하지만 애플Ⅱ를 설계한 것은 워즈 형이야. 허전함이 느껴지는 건 내가 직접 뭔가를 만들어 내지 못했기 때문이야. 나도 이제는 내가 직접 설계한 컴퓨터를 만들어야겠어.'

그렇게 하여 스티브는 새로운 컴퓨터를 직접 만들기로 결심했다. 밤낮을 가리지 않고 몰두하던 중 스티브는 컴퓨터 첨단 기술을 연구하는 제록스 팰러앨토 연구소(PARC)를 방문하였다. 그리고 그곳에서 놀라운 기술을 보았다. 그것은 바로 마우스로 화면 속의 그림을 클릭해서 프로그램을 실행하는 장치였다.

"아니, 이럴 수가! 이런 기술이 있다니, 바로 이거야! 이것이 미래가 원하는 기술이야."

스티브는 그 기술을 애플Ⅲ에 적용하리라 마음먹고, 회사 직원들에게 더욱 최선을 다해 줄 것을 부탁했다.

"우리는 일을 하는 게 아닙니다. 우리는 미래를 창조하고 있습니다."

스티브의 열정에 엔지니어들은 하루에 10시간 이상 일하면서도 불만을 드러내지 않았다. 드디어 1983년에 '리사'라는 이름의 애플Ⅲ가 그 모습을 드러냈다.

리사는 날렵하고 맵시 있는 외관을 지니고 있었다. 또 마우스가 달려 있어 일일이 키보드로 명령어를 입력하지 않아도 되는 새롭고도 놀라운 기술을 자랑했다. 사람들은 감탄했다. 그

런데 이상하게도 리사는 잘 팔리지 않았다.

스티브의 욕심이 오히려 리사에 독이 되었던 것이다. 최고의 컴퓨터를 만들겠다는 생각으로 스티브는 엔지니어들에게 끊임없이 뭔가를 요구했고, 그런 스티브의 주문대로 만들다 보니 비싼 부속품을 사용해야만 했다. 당연히 리사의 가격은 비싸고, 무게도 23킬로그램이나 되는 컴퓨터가 되고 말았다. 모든 부분에서 놀랍기는 하지만 사람들이 사기에는 부담스러웠다.

리사가 팔리지 않자 회사 간부 회의에서 스티브를 비난하는 목소리가 높아졌다. 왜냐하면 리사의 실패로 회사 사정이 어려워졌기 때문이었다. 그래서 스티브는 전문 경영인을 회사로 데려오기로 했다. 스티브가 찾아낸 사람은 펩시의 사장인 존 스컬리였다. 스컬리는 코카콜라를 상대로 마케팅을 잘하여 펩시의 시장을 성공적으로 확대시킨 사람이었다.

존 스컬리는 쉽게 승낙하지 않았지만, 스티브의 설득에 결국 애플의 경영을 맡게 되었다.

어려워진 회사를 존 스컬리에게 맡기고 스티브는 다시 프로젝트에 몰두했다. 그 프로젝트는 '매킨토시'라는 컴퓨터를 만드는 일이었다.

스티브는 매킨토시를 만드는 팀원들에게 이렇게 말했다.

"우리는 세상을 바꾸기 위해 일하는 것입니다."

스티브의 말에 모두 박수를 치며 환호성을 질렀다.

1984년 1월 24일, 드디어 매킨토시가 세상에 나왔다. 다시 한 번 세상은 애플이 만든 새로운 컴퓨터에 놀랐다. 전국에서 주문이 쏟아졌다. 매킨토시는 성공한 것처럼 보였다. 그러나 그것은 잠깐이었다. 초기의 열풍이 가라앉자 매킨토시의 문제점이 드러나기 시작한 것이다.

"IBM 컴퓨터보다 값이 비싸니 사고 싶어도 살 수 없어. 게다가 사용자 입장에선 IBM 컴퓨터만으로도 충분해."

"매킨토시는 저장 공간도 부족하고 속도도 느려. 뿐만 아니라 사용할 수 있는 소프트웨어나 응용 프로그램이 거의 없어. 난 애플 컴퓨터를 사용하던 사람인데도 말이야."

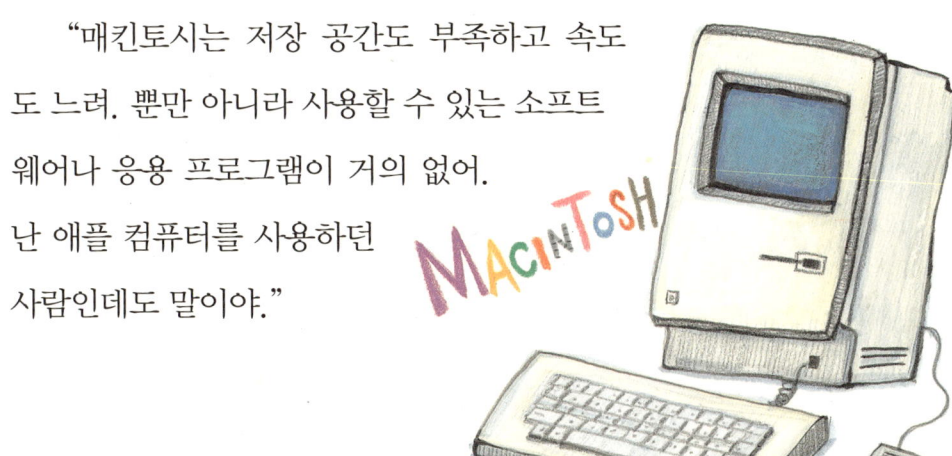

소비자들의 불만이 여기저기에서 터져 나왔다. 매킨토시의 주문량은 시간이 지날수록 뒷걸음질 쳤고, 매킨토시 개발에 엄청난 돈을 투자한 회사는 위기에 처했다.

"스티브 당신 말만 믿고 회사의 모든 힘을 매킨토시에 쏟았는데 결과가 이렇게 되었소. 이제 어쩔 셈이오?"

회사 간부들은 실패의 원인을 스티브에게 돌렸다.

인정하고 싶지 않았지만 매킨토시는 실패했고, 스티브는 자신의 실패를 받아들일 수밖에 없었다. 그렇다고 리사나 매킨토시에 퍼부었던 자신의 열정까지 후회한 것은 아니었다.

'그래, 소비자의 마음을 제대로 읽지 못했어. 매킨토시는 현실에서 실패작이야. 하지만 매킨토시를 만들지 않았다면 그 문제점도 알 수 없었을 거야. 소비자가 무엇을 원하는지도 알 수 없었을 것이고. 이번 실패로 더 좋은 컴퓨터를 만들 수 있게 된 거야.'

스티브는 실패조차 긍정적으로 받아들이려고 노력했다. 실패를 하더라도 새로운 것을 만들어 내려는 도전 정신만은 잃지 않았던 것이다.

스컬리는 애플을 다시 살리려면 스티브가 회사를 떠나야

한다고 생각했다.

"자네의 고집 때문에 회사가 어려움에 처했네. 자네는 더 이상 회사를 맡을 자격이 없어. 주주 총회에서 자네가 계속 회장직을 맡아야 하는지를 의논하겠네."

스컬리는 스티브와 더 이상 말도 하기 싫다는 자세였다. 스티브는 분했다.

'뭔가 새로운 것을 만들어 나가는 일은 언제나 성공할 수 있는 게 아냐. 실패를 하기도 한다고. 왜 나를 이해하지 못하는 거지? 그리고 내가 회사를 떠나야 한다고? 그럴 순 없어. 애플은 내가 만들었어. 나와 워즈 형이 우리 집 차고에서 시작해서 이만큼 키워 낸 회사라고."

회사에서 밀려나지 않기 위해 노력했지만 이미 상황은 스티브에게 너무 불리했다.

애플의 정기 주주 총회가 열렸다. 스컬리는 작정한 듯 큰 목소리로 말했다.

"우리 애플은 지금 심각한 위기에 처했습니다. 이것은 리사 프로젝트가 실패하고 매킨토시까지 잘 팔리지 않기 때문입니다. 이번 일에 누군가 책임을 져야 하며, 그것은 바로 스티브

잡스 회장이어야 합니다."

"왜 제가 모든 것을 책임져야 합니까? 그리고 제가 회사를 떠나면 회사가 위기에서 벗어납니까?"

스티브는 항의했다. 하지만 이미 분위기는 스티브가 회장직에서 물러나야 한다는 쪽으로 기울었다. 스티브는 쓸쓸하게 회의장을 빠져나왔다.

며칠 후, 존 스컬리가 스티브에게 전화를 했다.

"스티브, 이제 모든 게 끝났네. 자네가 회장직에 남아 있든 물러나든 난 자네에게 어떤 일도 맡기지 않을 걸세."

스티브는 아무 말도 하지 않았다. 워즈니악과 함께 차고에서 시작한 작은 회사는

10년도 채 안 되어 미국 내 가장 큰 기업 중 하나로 성장했다. 그리고 그 덕에 스티브는 갑부가 되고 유명해졌다. 많은 사람이 스티브 잡스라 하면 실리콘밸리의 상징으로 인정했다.

'그런데 지금 내 손으로 만든 회사가 나를 쫓아내려고 해.'

너무나 고통스러웠다. 스티브는 며칠 동안 집 안에 틀어박혀 자신에게 일어나고 있는 일을 이해하려고 노력했다.

'그래, 소비자의 입장에서 생각하지 않은 건 내 잘못이야. 회사 사정도 살펴보지 않은 것도 잘못이라면 잘못이야. 그러니 회장이 아니더라도 회사에 남아 다시 기회를 보자.'

스티브는 자신이 만든 회사를 떠나고 싶지 않았다. 그래서 스컬리가 시키는 대로 '제품창안자'라는 이상한 직함을 받고, 애플 건물에서 한참이나 떨어진 작은 사무실로 출근했다. 하지만 직함이 있어도 할 수 있는 일은 아무것도 없었다. 스컬리가 일부러 스티브에게 어떤 일도 주지 않았던 것이다.

하루 종일 아무 일도 하지 않은 채 전화 몇 통만 받고 퇴근을 하는 날이 이어졌다. 스티브는 고통스럽고 우울한 날들을 보냈다. 일을 하지 않는다는 것, 새로운 것을 만들지 않는다는 것은 스티브에게 그 어떤 고통보다 힘든 것이었다.

개인적으로 충분히 여유를 즐기고 다른 일을 할 만큼의 돈은 있었지만 그것만으로 스티브는 행복하지 않았다. 좋아하는 일을 하며 보람을 느끼는 것, 그것이 스티브를 살아가게 하고 살아 있다는 느낌을 갖게 하였다.

얼마 후, 스티브는 마음의 결정을 내렸다.

'그래, 이제 애플에서는 더 이상 내가 할 수 있는 일이 없어. 비록 내가 만든 회사지만 내게 기회를 주지 않는 곳에서 일할 수는 없지. 회사를 떠나자. 이제 내 나이 겨우 서른이야. 새로운 일을 찾자.'

일을 하지 않는 삶은 스티브에게 아무 의미가 없었다.

"내가 가장 행복한 순간은 무언가를 만들 때야. 혁신적이고 새로운 제품을 만들 때 나는 제일 행복해."

1985년 9월, 스티브는 스컬리와 이사들에게 말했다.

"애플을 떠나겠어요. 그리고 애플 주식도 한 주만 남기고 다 팔겠어요. 내 손으로 만든 회사에서 이렇게 쫓겨나듯 떠나지만, 회사에 나쁜 감정은 없습니다. 그리고 나는 항상 새로운 제품을 꿈꾸는 사람입니다. 특히 더 새롭고 성능이 좋은 컴퓨터를 만들겠다는 꿈은 변함이 없습니다. 그래서 새로운 회사를 세울 겁니다."

그렇게 하여 스티브는 자기 손으로 만든 회사를 떠났다.

16

열정으로 만든
새로운 왕국 넥스트

 애플사는 스티브가 자신의 손으로 만든 새로운 세계였다. 그 세계에서 스티브는 주인공으로 살다가 떠나야만 했다. 스티브는 마음이 몹시 아팠다.
 애플사에서 나온 얼마 후, 스티브는 혼자 자전거 여행을 떠났다. 자전거로 유럽의 여러 나라를 돌며 많은 생각을 했다. 시간이 나면 명상을 하기도 했다.

'사람의 미래는 실패했을 때 어떻게 대처하느냐에 달려 있어. 지금 이 실패 때문에 꿈까지 포기하는 어리석은 짓은 하지 않을 거야. 처음부터 다시 시작하면 돼.'

집으로 돌아온 스티브는 지난 10년 동안 이룬 것들 중에서 가장 자랑스러운 것이 무엇인지 종이에 적었다.

'애플Ⅱ와 매킨토시를 만든 것. 그리고 교육 분야에 상당한 영향을 미친 것.'

스티브는 이 부분에 몇 번이나 밑줄을 쳤다.

'매킨토시가 잘 팔리지 않는다고 회사 간부들은 내게 책임을 물었어. 그러면서 매킨토시가 실패작인 것처럼 말했지. 하지만 누가 뭐래도 매킨토시는 훌륭한 컴퓨터야. 매킨토시는 앞으로 컴퓨터의 발전을 앞당기는 역할을 할 거야.'

또한 스티브는 개인용 컴퓨터를 만들기 시작하면서 미국의 모든 학교에 컴퓨터를 보급하겠다는 꿈을 가졌었다. 그리고 실제로 캘리포니아의 모든 학교에 컴퓨터가 보급되었다.

'그래! 난 결코 실패자가 아니야. 아이들이 컴퓨터를 더 쉽게 만날 수 있도록 했어. 내 꿈 중 일부는 이미 이룬 거야.'

그런 생각을 하자 가라앉았던 기분이 서서히 뜨거운 열정으로 바뀌었다.

'좋아. 여기에서 다시 출발하자. 내가 좋아하는 컴퓨터와 교육을 결합할 수 있는 사업 아이템을 찾아보자.'

결심을 굳힌 스티브는 매일 도서관을 찾았다. 다양한 분야의 책들을 보면서 새로운 관심거리를 찾기 위해서였다. 그리고 스티브는 자신과 뜻을 같이하는 엔지니어들을 불렀다.

모두 기다렸다는 듯이 스티브의 제안을 받아들였다.

"스티브, 당신과 일을 하면 뭔가 새로운 것을 만든다는 자부심을 갖게 됩니다. 또한 열정이 샘솟아 일할 때 매우 신이 나지요. 기꺼이 동참하겠습니다."

함께 일할 사람들을 모은 다음 스티브는 회사를 만들었다. 회사 이름은 '넥스트(NeXT)'였는데, 새로움을 의미하는 '다음'이라는 뜻도 있었고 소문자 'e'는 '교육(education)'을 뜻했다. 그것은 넥스트가 교육 분야를 시장으로 삼겠다는 의미였다.

"교육 쪽은 완벽한 틈새시장입니다. 우리는 또 한 번 세상을 깜짝 놀라게 할 것입니다. 우리가 만들어 내는 컴퓨터는 교육 분야에 혁신을 가져올 것입니다!"

스티브는 다시 도전 정신을 발휘하여 빠르고 강하게 일을 추진하였다.

'애플이 나를 만든 게 아니라 내가 애플을 만든 것임을 세상에 알릴 거야.'

스티브는 많은 돈을 들여 회사 건물도 멋지게 지었다. 세상 사람들은 다시 스티브가 하는 일에 관심을 가졌다.

"우리 공장에서 만들어 낼 신형 컴퓨터는 매킨토시를 뛰어넘는 기능을 갖게 될 것입니다. 또한 사용하기 편리한 컴퓨터가 될 것입니다. 물론 디자인도 멋져야지요."

완벽한 컴퓨터를 만들겠다는 스티브의 생각은 변하지 않았다. 그래서 3년 동안 넥스트에서는 단 한 대의 컴퓨터도 팔지 않은 채 수천만 달러의 돈을 투자만 했다. 하지만 스티브는 조바심을 내지 않았다.

"빨리 만드는 게 중요한 게 아닙니다. 세상을 바꿀 뛰어난 컴퓨터를 만들어야 합니다."

스티브가 이처럼 자신의 소신대로 일할 수 있었던 것은 스티브의 재능과 열정을 믿고 돈을 투자하는 사람들이 있었기 때문이었다. 투자자 중에는 제너럴 모터스(General Motors)의 이사였던 텍사스의 억만장자 '로스 페로'도 있었다.

드디어 1989년, 넥스트는 '큐브'라는 이름의 컴퓨터를 세상에 내놓았다. 완벽한 컴퓨터를 만들겠다는 스티브의 꿈이 이루어진 듯 보였다.

17

영화 제작자로 성공하다

　3년 동안 공들여 만든 큐브는 사람들로부터 칭송을 받았다. 하지만 잘 팔리지는 않았다. 매킨토시와 마찬가지로 너무 비쌌기 때문이었다. 직원들은 스티브에게 가격을 낮춰 팔자고 건의했다. 하지만 스티브는 생각을 바꾸지 않았다.
　"우리는 이 컴퓨터를 만들기 위해 3년 동안 온갖 노력을 다 했습니다. 지금 이 가격은 우리가 받을 만한 적당한 가격입니다. 값을 내리는 건 우리의 자존심을 파는 것과 같습니다."

매킨토시에 이어 큐브도 기대만큼 팔리지 않자 세상 사람들은 스티브가 또다시 실패했다고 말했다. 하지만 스티브는 후회하지 않았다.

"물론 회사니까 이익을 남겨야 합니다. 하지만 큐브가 잘 팔리지 않는다고 해서 실패했다고 생각하지는 않습니다. 난 내가 만들고자 하는 컴퓨터를 만들었습니다. 잘 팔리는 컴퓨터가 아니라 새로운 컴퓨터를 만드는 게 꿈이었지요. 꿈을 하나씩 이루어 가는 것이 중요하다고 생각합니다."

결국 넥스트는 이익을 내지 못했다. 하지만 스티브가 만든 또 다른 회사인 픽사(Pixar)는 성공적으로 성장하고 있었다.

픽사는 영화 〈스타 워즈〉를 만든 조지 루카스 감독의 회사인 루카스 필름의 컴퓨터 그래픽 팀을 사서 만든 회사였다.

어느 날, 조지 루카스 감독이 스티브에게 연락을 했다.

"나는 조지 루카스 감독입니다. 사정이 있어 우리 회사의 컴퓨터 그래픽 팀을 분리해서 팔려고 하는데 스티브 당신이 사면 어떻겠소?"

컴퓨터 그래픽이라는 말에 스티브는 뭔가 새로운 세상일

거라는 느낌이 들었다. 그래서 루카스 감독을 만나러 갔고, 그 회사에서 스티브는 두 번 놀랐다.

처음에는 회사가 너무 허름하고 볼품이 없어서 놀랐다. 하지만 곧 애플을 만들었던 초창기를 떠올리며 웃었다.

'그래, 나도 처음에는 집 차고에서 출발했잖아. 사무실의 좋고 나쁨이 회사의 성공을 보여 주는 것은 아니야.'

두 번째로 그때까지 본 적 없는 선명한 디지털 사진과 창의적인 동영상에 놀랐다. 스티브는 그것을 보면서 몇 년 전 제록스 팰러앨토 연구소에서 느꼈던 전율을 다시 느꼈다.

컴퓨터 모니터에서 살아 움직이는 캐릭터들은 스티브의 마음을 사로잡았다. 당시에는 3D 영상을 보는 것이 어려웠기 때문이었다.

"정말 신기하네요. 지금까지 만화 영화는 평면적인 그림이었는데 이것은 실제로 존재하는 것처럼 보여요."

"그것이 바로 컴퓨터 그래픽 기술이지요. 실제로는 찍을 수 없는 장면도 컴퓨터 그래픽을 이용하면 만들 수 있어요."

스티브는 속으로 생각했다.

'대단해. 컴퓨터로 살아 있는 듯한 그림을 그릴 수 있다니······. 이것을 잘 활용하면 애니메이션 시장에 일대 혁신을 가져올 수도 있겠다. 이것이 컴퓨터 그래픽의 미래야!'

"굉장하군요. 아주 매력적입니다. 내가 이 컴퓨터 그래픽 팀을 인수하겠습니다."

스티브는 회사 이름을 '픽사'라고 지었다. 그리고 세상에 이렇게 말했다.

"아이들뿐만 아니라 어른들도 좋아하는 재미있는 이야기로 진짜 영화를 만들겠습니다. 우리 픽사의 비전은 세계 최초 3D 애니메이션 장편 영화를 만드는 것입니다."

픽사를 인수하고 얼마 후 만들어진 단편 만화 〈양철 장난감〉은 아카데미 영화제 애니메이션 부문에서 상을 받았다.

상을 받고 얼마 되지 않아 디즈니에서 연락이 왔다.

"우리 디즈니를 위해 장편 애니메이션을 만들어 주면 좋겠는데, 어떻습니까?"

스티브에게는 절호의 기회였다. 사실 넥스트는 물론, 픽사까지 엄청난 돈을 투자하기만 했지 돈을 벌어들이지 못해 사정이 어려웠다.

디즈니는 픽사의 기술이 필요했고, 픽사는 디즈니의 자금이 필요했다.

"우리는 디즈니에서 영화 제작비 전부와 마케팅 비용까지 부담하길 바랍니다. 만드는 것은 우리가 하겠습니다."

"좋소."

디즈니의 사장 제프리 카젠버그도 동의했다.

"그리고 영화 한 편이 아니라 세 편을 만들 때까지 이 조건으로 서로 협력했으면 좋겠습니다."

"좋소."

이번에도 카젠버그는 동의했다.

"단 우리도 조건이 있소. 영화 배급은 온전히 우리 디즈니에서 할 것이오. 따라서 영화 매표소 수입의 87.5퍼센트를 우리가 가지겠소. 그리고 장난감이나 게임 같은 영화 관련 상품에서 벌어들이는 수익도 우리가 가져가겠소."

카젠버그의 말은 영화에서 픽사가 챙길 수 있는 이익금은 12.5퍼센트밖에 되지 않는다는 뜻이었다. 하지만 장편 애니메이션을 한 번도 만들어 보지 않은 픽사로서는 그 기회를 놓칠 수 없었다. 뿐만 아니라 영화가 성공한다면 그 정도의 비율로도 엄청난 돈을 벌 수 있어 회사를 살릴 수 있을 터였다.

"네, 동의합니다."

그리하여 픽사는 디즈니와 손을 잡고 장편 애니메이션을 만들게 되었다. 스티브는 직원들에게 최선을 다해 최고의 3D 애니메이션을 만들자고 격려했다.

드디어 1995년, 픽사는 세상을 깜짝 놀라게 했다. 첫 작품 〈토이 스토리〉가 굉장한 히트를 친 것이다.

많은 사람이 〈토이 스토리〉를 보고 흥분했다.

"와! 신기해. 영화 속 캐릭터들이 진짜 사람처럼 보여."

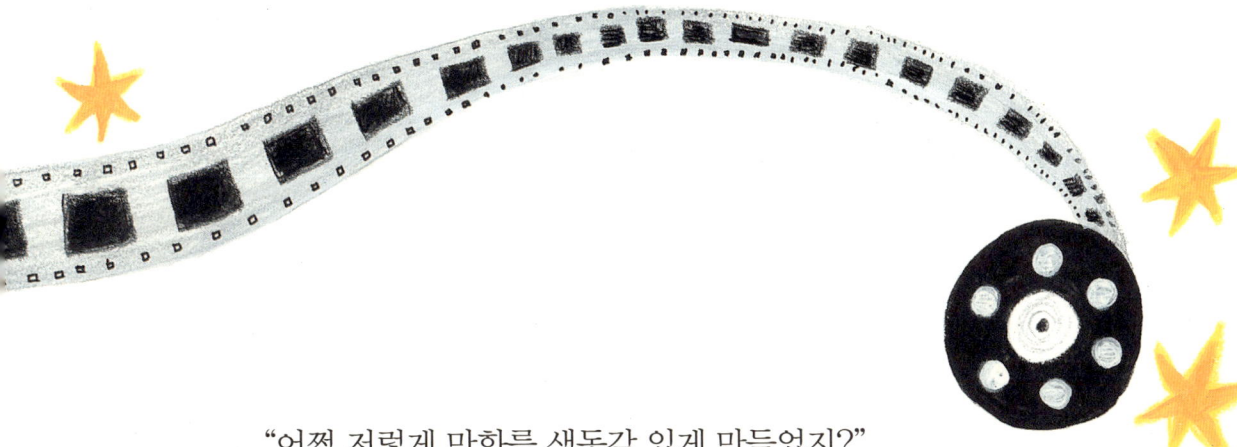

"어쩜 저렇게 만화를 생동감 있게 만들었지?"

"우리 아이들만 좋아하는 게 아니라 나도 아주 재미있게 봤어요. 아들 녀석이 또 보자고 해서 이번 주말에 또 볼 참입니다."

아이들뿐만 아니라 어른들까지 좋아하는 애니메이션을 만들겠다는 스티브의 꿈이 이루어진 것이다. 〈토이 스토리〉는 그해 최고의 흥행작이 되었고, 캐릭터 상품 판매 수입까지 합쳐 어마어마한 액수의 돈을 벌어들였다.

〈토이 스토리〉의 대흥행은 새로운 도전이 멋지게 성공했음을 의미했다. 스티브를 기쁘게 한

것은 바로 그 점이었다. 〈토이 스토리〉는 픽사가 탄생한 지 12년 만에 거둔 결과였다. 스티브가 꿈을 포기했더라면 불가능했을 것이다. 12년 동안 투자만 하고 수익은 내지 못하는 회사를 포기하지 않기란 결코 쉬운 일이 아니었다. 어떤 상황에서도 꿈을 잃지 않았기에 맛본 성공이었다.

픽사는 〈토이 스토리〉에 이어 〈벅스 라이프〉, 〈인크레더블〉, 〈니모를 찾아서〉 등의 애니메이션 영화를 만들었는데, 전부 대성공을 하였다.

스티브는 애니메이션 제작에 성공하면서 알지 못했던 분야를 배웠다. 그리고 그것은 스티브의 안목을 넓혀 주었다.

'지금까지 난 기술에만 집중했어. 기술적으로 더 발전한 컴퓨터를 만드는 데 온 힘을 쏟았지. 하지만 영화를 만들면서 알게 되었어. 세상 사람들이 좋아할 만한 것을 만들려면 그들의 시각에서 생각할 수 있어야 해.'

이때부터 스티브는 단순히 기술 연구만 생각하지 않았다. 자신이 만든 물건을 사용할 사람들의 입장에서 그들이 원하는 것이 진정 무엇인지, 그리고 어떤 느낌을 주어야 하는 것인지에도 관심을 가지게 되었다.

18

애플을 되살려야 해

픽사는 크게 성공했다. 그 덕분에 스티브는 애플Ⅰ, Ⅱ를 만들어 세상을 놀라게 했던 시절처럼 돈도 많이 벌고 능력도 다시 인정받았다.

픽사는 항상 새로운 아이디어로 넘쳐 났고 더욱더 성장했다. 많은 사람이 컴퓨터 그래픽으로 애니메이션의 발전을 이룩한 스티브에게 박수를 보냈다. 하지만 스티브는 행복하지 않았다. 그 이유는 애플 때문이었다.

　애플에서 쫓겨나긴 했지만 애플은 자신이 만든 첫 회사였다. 처음으로 자신의 꿈이 실현된 곳이었다. 그런데 애플의 상황이 점점 악화되고 있었다. 매킨토시는 잘 팔렸지만, 애플은 깊은 병에 걸린 사람처럼 힘이 없었다.

　'나와 워즈 형이 처음 회사를 만들었을 때는 열정과 패기가 넘치던 곳이었어. 그런데 이제 애플은 더 이상 발전하지 않고 가라앉고 있어.'

　이러한 사실 때문에 스티브는 픽사의 성공에도 온전히 행복할 수 없었던 것이다.

　그러던 어느 날이었다. 스티브에게 손님이 찾아왔다. 애플사의 회장 길 에밀리오였다. 에밀리오는 이렇게 말했다.

　"스티브 잡스 씨, 부탁이 있습니다. 알고 계시겠지만 지금 애플의 사정이 무척 좋지 않습니다. 이사회에서는 스티브 잡스 씨께서 애플로 돌아와 주기를 바라고 있습니다. 우리 애플사의 경영 고문을 맡아 주세요."

　스티브는 바로 대답하지 않고 한참 생각한 뒤 입을 열었다.

　"네, 좋습니다. 하지만 조건이 있습니다."

"네, 무엇입니까?"

"제가 경영을 맡은 이상 제 생각대로 할 수 있게 해 주십시오. 제게 전적으로 맡겨 주셔야 한다는 말입니다."

"네, 알겠습니다."

"그리고 한 가지 조건이 더 있습니다."

스티브는 잠시 말을 끊었다가 다시 이었다.

"저는 1달러만 받겠습니다."

"네?"

"애플은 제가 만든 회사입니다. 처음으로 제 꿈을 이루어 낸 곳입니다. 그런 회사가 사정이 좋지 않아서 저 역시 마음이 편치 않았습니다. 제가 만든 회사를 다시 일으켜 세우기 위해 애플로 돌아가는 것입니다. 그러니까 월급은 1달러만 받겠습니다. 꿈은 값으로 매길 수 없습니다."

애플사로 다시 출근했을 때 스티브는 여러 가지 감정을 느꼈다. 조그만 차고에서 워즈니악과 애플을 처음 만든 시절도 생각났고, 애플Ⅰ과 애플Ⅱ가 성공해서 기뻤던 때도 생각났다.

스티브는 직원들과 반가운 마음으로 악수를 했다. 하지만 직원들의 반응은 시큰둥했다. 심지어 뒤에서 수군거리며 스티브를 비웃는 사람들도 있었다.

"자신을 쫓아낸 회사로 돌아오다니 자존심도 없나 봐."

"자신이 아무리 잘났다 해도 애플을 다시 잘나가는 회사로 만들 순 없어. 이미 망해가는 회산데 어떻게 살리겠어?"

실제로 출근을 해 보니 애플은 밖에서 볼 때보다 훨씬 더 심각했다. 지금까지 망하지 않고 버틴 게 신기할 정도였다. 그저 월급을 받기 위해 회사를 다니는 사람들이 대부분이었다. 새로운 아이디어를 내려고 노력하는 사람도 없었고, 가라앉고 있는 회사를 일으키기 위해 열정적으로 일하는 사람도 없었다. 스티브는 결심했다.

"우리는 더 이상 이런 식으로 일하지 않을 것입니다. 혁신이 필요합니다. 이를 위해 몇 가지 규칙을 만들겠습니다."

스티브가 만든 규칙은 이런 것들이었다.

실내에서 담배를 피우지 말 것, 회사에 강아지를 데려오지 말 것, 오전 6시까지 출근할 것.

그동안 지나칠 정도로 자유롭게 지내던 직원들은 스티브에게 반발했다. 간부들도 심하다며 스티브에게 따졌다. 하지만 스티브는 자신의 생각을 밀고 나갔다.

"이 규칙을 지키지 않으면 월급을 깎을 것이고 계속 받아들이지 않으면 결국 회사에서 나가야 할 것입니다."

스티브는 가장 먼저 출근했다. 오전 6시에 간부들과 회의를 했다. 스티브가 직원들에게 강조한 것은 '다르게 생각하라'는 것이었다.

"지금과는 다르게 생각하십시오. 지금 당장 다르게 생각하지 않으면 회사도 여러분도 실패하고 말 것입니다."

스티브는 회사 곳곳에 '다르게 생각하라'라는 문구를 붙이도록 했다. 그리고 20년 동안 사용해 왔던 무지개 색깔의 로고를 단색으로 바꾸었다. 처음에는 반발하던 직원들도 조금씩 달라지기 시작했다.

스티브가 애플로 돌아온 지 6개월 후쯤 에밀리오 회장이 애플을 떠났다. 그리고 애플은 서서히 활기를 띠기 시작했다.

"나는 애니메이션을 만들면서 소비자들이 무엇을 좋아하는지 알게 되었습니다. 기술만으로는 소비자들의 마음을 잡을 수 없습니다. 그들이 뭘 원하는지 알기 위해서는 감성으로 다가가야 합니다. 애플에서의 나의 첫 목표는 젊은 사람들이 좋아하는 컴퓨터를 만드는 것입니다. 그것은 인터넷 기능이 강화

되고 가격도 싼 컴퓨터입니다."

그렇게 해서 탄생한 컴퓨터가 '아이맥(iMac)'이었다. 아이맥은 스티브가 강조했듯이 지금까지의 컴퓨터와는 달랐다. 아이맥은 성능도 좋았고 디자인도 아주 뛰어났으며, 가격도 쌌다. 특히 젊은 사람들은 인터넷 속도가 빠르다는 점과 반투명한 밝은색 플라스틱 상자 모양의 디자인을 무척 좋아했다.

"컴퓨터가 이렇게 예쁠 수 있다니, 애플은 죽지 않았어."

사람들은 모두 아이맥에 찬사를 보냈다. 스티브는 고정 관념을 깨트림으로써 사람들의 관심을 모으는 데 성공했다. 아이맥은 일 년에 무려 200만 대나 팔렸다. 쓰러져 가던 애플은 다시 살아났고, 예전의 명성과 신뢰를 되찾았다.

스티브는 다시 신임 회장으로 뽑혀 2000년에 애플의 정식 회장이 되었다. 스티브는 직원들을 강당에 모아 놓고 말했다.

"저는 앞으로도 현실에 만족하지 않을 것입니다. 항상 새로운 생각으로 컴퓨터와 영상 산업을 발전시켜 나갈 것입니다. 성공하기 위해서는 자신이 좋아하는 일이 무엇인지 알아야 합니다. 자신이 좋아하는 일을 할 때 창의적인 생각도 떠오를 것입니다. 그리고 일단 일을 시작하면 자신의 능력을 뛰어넘을 만큼 최선을 다하세요. 날마다 오늘이 마지막 날이라 생각하고 뜨겁게 살아가기를 바랍니다. 꿈을 포기하지 않고 그 꿈을 향해 꾸준히 노력하다 보면 반드시 길이 보일 것입니다."

스티브의 말에 애플 직원들은 뜨거운 박수를 보냈다.

더 좋은 세상을 만들 거야

19
아이팟, 아이튠즈, 그리고 음악 혁명

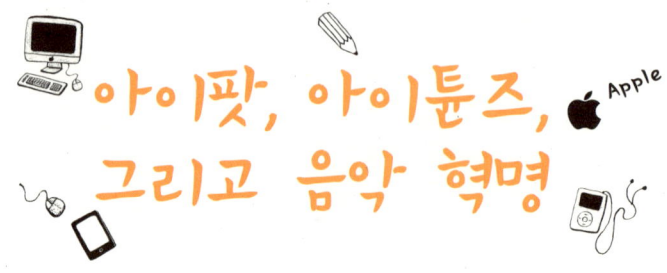

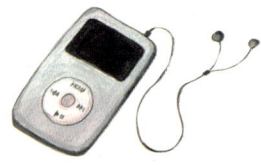

 2001년 애플사는 다시 한 번 세상과 사람들을 놀라게 했다. 음악을 감상하는 방법에 혁명을 일으킬 두 개의 제품을 새롭게 선보였기 때문이다. 하나는 '아이튠즈'라고 하는 소프트웨어였다. 이것은 CD에 노래를 복사해서 컴퓨터로 들을 수 있는 프로그램이었다.
 세상을 놀라게 한 나머지 하나는 작지만 강력한 음악 재생

기기인 '아이팟'이었다. 호주머니 크기의 아이팟에는 수천 개의 노래를 담을 수 있어 언제 어디서나 손쉽게 노래를 들을 수 있었다.

물론 아이팟이 음악을 담아서 들을 수 있는 최초의 제품은 아니었다. 하지만 아이팟은 지금까지 나온 다른 디지털 오디오 기기들과 달랐다. 훨씬 세련되고 우아했다. 하지만 그보다 아이튠즈를 통해 아이팟의 음악 파일을 편리하게 관리할 수 있다는 점이 큰 장점이었다. 한마디로 애플은 아이튠즈라는 소프트웨어와 아이팟이라는 하드웨어를 완벽히 결합한 상품을 선보인 것이다. 사람들은 그 두 가지 제품에 열렬히 반응했다.

사람들은 아이팟의 아담하고도 세련된 디자인, 편리한 사용자 환경, 그리고 풍부하고 선명한 음색을 좋아했다. 게다가 아이팟은 사용하기도 쉬웠다. 고객이 원하는 제품을 만들라고 스티브가 끊임없이 주문했기 때문이었다.

"사람들이 원하는 곡을 빨리 찾기 위해 단추를 누르는 횟수가 세 번 안쪽이어야 합니다."

"음량이 좀 부족한 것 같아요."

"메뉴가 눈에 잘 들어오지 않네요. 메뉴를 쉽게 찾을 수 있어야 합니다."

스티브가 꼼꼼하게 따지고 주문하는 바람에 직원들은 밤을 새워서 일해야 했다. 하지만 직원들은 불만을 갖지 않았다.

이처럼 이미 있는 기술을 좀 더 발전시켜 최고의 제품을 만드는 것이 애플의 장점이었다.

2007년 초까지 아이팟은 전 세계 사람들에게 8천만 개나 넘게 팔렸다. 또한 스티브는 인터넷으로 음악 파일을 교묘하게 공유하는 행위를 막는 안전장치도 만들었다.

하지만 스티브는 만족하지 않았다. 왜냐하면 항상 새로운 것을 추구했기 때문이었다.

'만약 사람들이 온라인으로 손쉽게 음악을 구매할 수 있다면 어떨까? 그렇게 된다면 아이팟과 아이튠즈를 더 많이 팔 수 있지 않을까?'

스티브는 앞으로 음악 시장이 더 커질 것이라 판단했다. 그래서 아이튠즈 고객들이 좀 더 적은 비용으로 좋아하는 노래를 내려받을 수 있는 온라인 음악 판매장을 만들겠다는 꿈을 꾸기 시작했다.

'그렇게 되면 고객들은 음악을 더 편리하게 즐길 수 있고,

애플과 음반 회사는 서로 이익을 얻을 수 있을 거야. 게다가 인터넷에서 공짜로 음악을 내려받는 문제도 막을 수 있어.'

스티브는 음반 업계 간부들과 예술가들을 설득했다.

"우리 애플의 아이팟은 세상에 나오자마자 날개 돋친 듯 팔리고 있습니다. 이 시대는 우리에게 항상 새로운 생각을 요구합니다. 음반 업계도 지금까지의 방법으로만 음악을 팔려고 하지 말고 새로운 방법을 생각해 봐야 합니다. 그러니까 앨범 형태로만 음악을 판다는 생각을 버리고 인터넷에서도 음악을 팔 수 있도록 해야 한다는 것입니다. 이제는 앨범이 발매된 날에 오프라인 매장은 물론 인터넷에서도 돈을 내고 노래를 받을 수 있게 될 것입니다. 이것이 음악의 미래입니다."

음반 업계와 음악가들은 스티브의 설득을 받아들였다. 드디어 아이튠즈 뮤직 스토어가 2003년 4월 28일에 그 모습을 드러냈다. 이 사이트는 엄청난 양의 음악 파일을 갖추고 있었고, 고객들은 한 곡당 99센트(우리 돈으로 약 천 원 정도)를 지불하고 원하는 곡을 내려받을 수 있었다.

아이튠즈 뮤직 스토어 사이트는 그야말로 대박이었다. 뮤직 스토어를 방문한 사람들은 사이트가 개장되자마자 18시간

만에 27만5천 곡을 구매했다. 그리고 연말에는 2천5백만 곡이 팔렸다.

시사 주간지 《타임》은 '아이튠즈 뮤직 스토어는 2003년 최고의 발명품이다'라고 말했다.

스티브의 예상대로 아이튠즈 뮤직 스토어가 엄청난 인기를 얻자 아이팟 역시 많이 팔렸다. 아이팟은 금방 MP3 플레이어 시장에서 선두를 차지했다. 스티브가 만든 아이팟과 아이튠즈, 그리고 뮤직 스토어는 음악 시장의 모습을 완전히 바꾸었다. 특히 뮤직 스토어는 음반 회사들이 MP3 불법 다운로드 때문에 더 이상 머리 아파하지 않게 만들었다.

아이팟은 제품 그 이상이었다. 아이팟은 세상에 나온 지 얼마 되지 않아 하나의 문화 현상으로 자리 잡았다. 스티브는 자신의 꿈처럼 새로운 제품을 만드는 것을 뛰어넘어 새로운 세상을 만들어 나가고 있었다.

20
죽음의 문턱에서 내 삶을 돌아보게 되었어

　스티브는 20대에 굉장히 빠른 속도로 성공의 길을 달렸다. 그러다가 한때 리사와 매킨토시, 그리고 큐브의 실패로 시련의 시기도 보냈다. 하지만 2000년대로 들어와서 애플과 픽사를 모두 성공시키며 인생의 전성기를 맞이했다.
　그런데 아무것도 걸릴 게 없어 보이던 스티브에게 초대하지 않은 손님이 찾아왔다. 그것은 췌장암이라는 심각한 병이었다.

2004년 어느 날, 스티브는 몸이 좋지 않아 병원에 가서 검사를 받았다. 그리고 며칠 후 의사가 심각한 표정으로 말했다.

"여기 혹이 보이시죠? 악성입니다. 그리고 부위는 췌장입니다."

의사가 가리키는 곳에는 스티브의 맨눈으로도 뚜렷하게 보이는 혹이 있었다.

"그럼 췌장암이란 말씀인가요?"

"네, 안타깝게도 그렇습니다."

스티브는 눈을 감고 말았다. 곁에 있던 아내는 손으로 입을 틀어막았다. 췌장이 어디에 있는지는 몰랐지만 췌장암이 암 중에서도 고치기 어려운 암이라는 것은 알고 있었다. 췌장암에 걸리면 대부분 일 년 안에 사망하는 것으로 알려져 있었다.

"수술하면 살 확률이 어느 정도입니까?"

"죄송하지만 가능성이 거의 없습니다. 췌장암은 수술을 할 수도 없습니다. 남은 시간은 길어야 3~6개월 정도일 것 같습니다. 병원에서 시간을 보내는 것보다 집에서 가족들과 지내면서 삶을 정리하는 게 나을 듯합니다. 이런 말씀을 전하게 되어 정말 유감입니다."

의사의 표정도 어두웠다.

스티브는 자신에게 일어난 일이 도저히 믿기지 않았다. 그리고 집으로 돌아와서는 혼자 방에 들어가 다음 날이 될 때까지 틀어박혀 있었다.

'누구나 죽기 마련이다. 그리고 죽음은 예고 없이 찾아온다. 하지만 이건 너무하다. 난 아직 해야 할 일이 많아. 하고 싶은 일도 많고. 이건 아니야!'

마음속으로 소리쳤지만 아무 소용이 없었다. 스티브는 상심에 빠져 눈을 감고 가만히 앉아서 시간을 보냈다. 그런데 아내의 흥분된 목소리가 들렸다.

"여보, 살았어요. 이제 됐어요! 담당 의사에게 전화가 왔어요. 수술이 가능할 것 같대요."

스티브가 집으로 돌아간 뒤 의사들은 스티브의 췌장에서 떼 놓았던 종양의 암세포를 재검사했다고 한다.

"췌장암 종양은 대부분 수술이 불가능합니다. 그런데 스티브 씨는 수술로 치료가 가능한 경우입니다. 췌장암 중 5퍼센트에 불과한 종양입니다. 정말 다행입니다."

스티브는 아무 말도 하지 못했다. 그저 두 손을 모아 쥐고 두 눈을 감았다. 지옥에서 천당으로 옮겨 간 기분이었다.

"하느님은 당신을 버리지 않았어요."

아내가 스티브를 따뜻하게 안아 주었다.

얼마 후 스티브는 수술을 받았고, 수술은 성공적이었다. 그리고 스티브는 얼마 있지 않아 애플로 돌아갔다. 췌장암은 빨리 발견하여 종양을 완전히 제거해도 5년 이내에 사망하는 것으로 유명했다. 그래서 다들 스티브의 건강을 걱정했다.

죽을 고비를 넘긴 후 스티브의 내면에 변화가 찾아왔다. 자

신이 죽을 수도 있다는 사실은 앞만 보고 달리던 스티브에게 삶을 되돌아보는 시간을 주었다. 그리하여 스티브는 일을 진행할 때 더욱 진지해졌다. 또한 무슨 일을 하든 다른 사람의 입장에서 생각하게 되었다. 스티브는 자신의 이러한 경험을 스탠퍼드 대학교 졸업식 축사에서 이렇게 밝혔다.

"죽음을 원하는 사람은 아무도 없습니다. 하지만 우리는 죽음을 받아들여야 합니다. 누구도 죽음에서 자유롭지 못하죠. 어쩌면 삶이 만들어 낸 가장 훌륭한 발명품일지도 모릅니다. 왜냐하면 죽음은 삶을 변화시키기 때문입니다. 죽음은 새로운 것이 낡은 것을 대신할 수 있도록 해 주지요. 지금 여러분은 새로운 세대입니다. 그러나 언젠가는 여러분도 낡은 세대가 되어서 그 자리를 물려줘야 할 겁니다."

스티브는 죽음 앞에서 자신이 느꼈던 것을 많은 사람에게 전해 주고 싶었다.

"삶은 여러분을 기다려 주지 않습니다. 그러니까 인생을 낭비하지 마세요. 그리고 다른 사람들이 하는 생각에 얽매이지 마세요. 다른 사람들의 목소리가 여러분의 내면에서 우러나오는 진정한 목소리를 방해하지 못하게 해야 합니다. 중요한 것은 자신의 마음과 직감을 따르는 것입니다. 마음과 직감은 여러분이 진짜로 무엇을 원하는지 알고 있습니다."

연설이 끝나자 학생들은 모두 일어나서 박수를 쳤다.

'나에게 남은 시간이 얼마인가는 중요하지 않아. 난 매 순간 진심을 다해 열정적으로 살아갈 거야. 그리고 항상 새로운 것을 생각하고 새로운 것을 만들어서 이 세상을 더욱 새롭게 만들 거야.'

스티브는 자신의 결심대로 꿈을 이루며 살 수 있는 방법을 이미 알고 있었다. 남들이 하라는 일, 남들이 우러러보는 일을 하는 것이 아니라 자신이 진짜 하고 싶고 좋아하는 일을 하는 것, 그것만이 삶을 의미 있게 살아가는 방법임을 잘 알고 있었다.

스티브는 죽음을 통해 시간을 더욱 소중히 여기는 법을 배웠다. 그리고 그 시간을 낭비하지 않고 창조적으로 사용하겠다는 결심을 다지고 착실하게 실천하기 위해 노력했다.

21

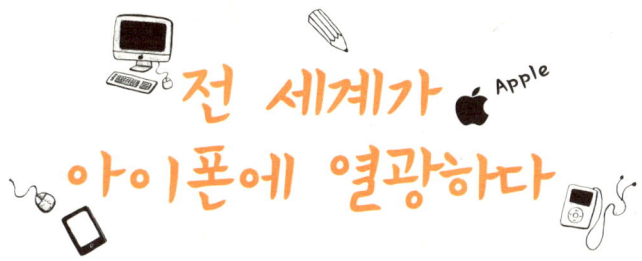
전 세계가 아이폰에 열광하다

애플이 확실하게 성공하자 사람들은 스티브에게 애플의 리더로 평생 있어 달라고 했다. 스티브는 그 제안을 받아들였다. 하지만 스티브의 연봉은 여전히 1달러였다.

"난 우리 회사에서 큰돈을 가져갈 생각이 전혀 없습니다. 의료 보험의 혜택을 받기 위해 월급은 받아야 하니까 1달러만 받으면 됩니다."

2007년 1월에 애플은 애플 주식회사로 이름을 바꾸었다.
"이름을 바꾼 것은 우리 애플이 컴퓨터만 파는 회사가 아니라 기술과 음악을 비롯한 모든 종류의 오락 산업을 다루는 기업으로 성장하겠다는 의지를 알리기 위해서입니다."

그 이후로 애플은 10여 개가 넘는 각기 다른 아이팟 버전을 세상에 소개했다. 그리고 아이튠즈 뮤직 스토어를 통해 음악, 비디오, TV쇼, 오디오북, 영화, 게임 등을 팔고 있다.

물론 그것이 끝은 아니었다. 항상 새로운 세상을 꿈꾸는 스티브에게 멈춤과 끝은 없었다.

스티브는 다시 한 번 세상을 흥분시키는 놀라운 제품을 내놓았다. 그것은 바로 '아이폰(iPhone)'이다. 2007년 6월부터 팔기 시작한 아이폰은 휴대 전화 기능을 갖춘 아이팟이다. 그리고 애플의 다른 제품처럼 아이폰도

아름다움과 기술이 잘 어우러진 제품이다. 스티브는 아이폰을 만들 때 기능뿐만 아니라 디자인에도 엄청나게 신경을 썼다. 스티브는 직원들에게 항상 이렇게 말했다.

"기계도 예술 작품처럼 아름다울 수 있습니다. 우리는 그것을 사람들에게 보여 주어야 합니다. 애플의 제품은 단순한 전자 제품이 아니라 예술 작품이어야 합니다. 그리고 그것을 만드는 여러분은 예술가입니다."

사람들은 놀라운 기능과 아름다운 모습을 지닌 아이폰을 사기 위해 새벽부터 줄을 섰다. 2007년 6월, 애플이 아이폰을 처음 시장에 선보이자마자 이틀 만에 27만 대가 팔려 나갔다. 놀라운 일이었다.

2012년 애플은 아이폰5와 아이패드3까지 세상에 내놓았다. 많은 사람이 아이폰과 아이패드의 뛰어난 기능과 아름다움에 빠졌다.

그리고 아이폰으로 인해 다른 회사에서도 비슷한 기능의 휴대 전화를 만들기 시작했다. 새로운 휴대 전화 시대가 열린 것이다.

22
병도 새로운 세상을 향한 내 꿈을 막을 수 없어

2011년 6월 6일, 미국 샌프란시스코 모스콘 센터에서 열린 세계 개발자 회의(WWDC)에 참석한 5천여 명의 개발자들이 무대 한가운데를 집중했다.

지난 2004년, 췌장암 수술을 받은 후로도 주변의 우려와 달리 스티브는 왕성한 활동을 했다. 하지만 사실 스티브의 몸은 예전과 달랐다. 2004년 이후 스티브는 자주 병석에 누워 지

냈고, 2009년에는 간 이식 수술까지 받았다.

'더 무리했다가는 내가 좋아하는 일을 아예 못하게 될지도 몰라. 이제 조금 속도 조절을 하고 방법을 바꿔 보자.'

2009년 1월, 그는 업무 최고 책임자(COO)인 티모시 쿡에게 회사를 맡기고 일선에서 물러났다. 암 발병 이후 두 번째 병가였다. 스티브가 없는 애플은 바퀴 없는 자전거 같았고, 다이얼 없는 라디오 같았다.

다시 일선에서 활동하기 어려울 것이라는 예상을 깨고 스티브는 2010년 1월, 아이패드1 출시 설명회에 나타났다. 많이 야윈 모습이었지만 눈빛만은 여전히 강렬했다.

2011년이 되자 스티브가 6월부터 다시 업무에 복귀한다는 소식이 들리기 시작했다. 그 이전인 3월에 아이패드2 발표 행사에 모습을 드러내긴 했지만, 그 외 어떤 공개 석상에서도 볼 수 없었던 스티브였다. 그런데 6월 세계 개발자 회의에서 새 제품에 대한 발표를 그가 직접 하기로 한 것이다.

모두 기대에 부풀어 스티브를 기다렸고, 제임스 브라운의 'I feel good'을 배경 음악으로 삼아 스티브가 등장했다. 사람들은 트레이드 마크인 검은색 터틀넥과 청바지를 입고 무대 위로 걸어 나오는 스티브를 향해 환호성을 질렀다.

"이번 WWDC 티켓은 2시간도 채 되지 않아 매진되는 기록을 세웠습니다. 우리는 티켓을 더 팔 수 있었습니다. 지금 이곳이 우리가 마련할 수 있는 가장 큰 공간이라는 사실이 안타까울 뿐입니다."

수척해진 얼굴이었지만 스티브의 유머 감각과 좌중을 집중시키는 힘은 여전했다.

이어서 그는 세 가지 주제를 소개했고, 잠시 무대에서 사라졌다. 그러더니 마지막에 '아이클라우드' 발표를 직접 하면서 다시 사람들의 시선을 집중시켰다. 사실 아이클라우드라는 어렵고 복잡한 운영 체제를 설명해야 했기 때문에 자칫 지루하고 어려운 발표가 될 수도 있었다.

하지만 그런 예상을 스티브는 멋지게 뒤집었다. 그는 간단하지만 정확한 단어들과 시각적인 이미지를 이용하여 아이클라우드를 아주 잘 설명하였다. 그가 발표하는 동안 슬라이드에 나타난 이미지는 클라우드를 상징하는 구름 아이콘과 그 밑에 나열된 아이폰, 아이패드, 아이팟터치, 맥 등 다섯 개가 전부였다.

그 과정에서 스티브는 애플에서 이미 개발한 클라우드 서비스인 모바일미(MobileMe)에 대해서는 혹평도 서슴지 않았다. 그는 단순히 애플사의 회장이 아니라 새로운 것을 만드는 진정한 개발자였다.

"우리는 모바일미의 연락처, 일정, 메일 등을 모두 치워 버렸습니다. 아이클라우드는 원점에서 다시 시작해서 만든 결과물입니다. 모바일미보다 더 많은 기능을 포함한 아이클라우드는 무료로 제공될 것입니다."

스티브의 말에 그 자리에 있던 사람들은 놀라움과 감탄의 탄성을 터트렸다. 사람들은 "역시 스티브 잡스!"라며 박수와 기대를 드러냈다.

병가 중이라는 사실이 무색할 정도로 스티브는 완벽한 프레젠테이션을 이어 갔다.

다음 날인 7일 밤, 애플사의 새로운 본사 건물 신축을 발표하는 자리에서도 그는 직접 건물에 대해 이야기했다.

"우리 애플사는 캘리포니아 주 쿠퍼티노 본사 건물 근처에 있는 휴렛팩커드의 캠퍼스였던 자리에 1만2천 명을 수용할 수 있는 원형 본사 건물을 신축할 계획입니다."

투병 중에도 그의 새롭고도 원대한 꿈이 준비되고 있었던 것이다. 보통 사람들이라면 아픈 몸으로 엄두도 못 낼 일이었다.

"애플은 마치 잡초처럼 성장하고 있습니다. 본사 건물에서 1만2천 명이 근무해야 하지만, 현재 본사는 약 3천 명밖에 수용할 수 없어 직원들이 쿠퍼티노에 있는 다른 건물들로 흩어져 근무하고 있습니다."

스티브는 그런 환경이라면 새로운 제품을 만들어 새로운 세상을 만드는 역할을 할 수 없다고 생각했다. 그래서 본사를 새로 짓기로 결심한 것이다.

건강 상태가 좋지 않았던 스티브는 오히려 애플사의 미래와 자신의 꿈에 더욱 매진하였다. 예전처럼 외부 활동을 할 수는 없었지만 무언가를 새롭게 계획하고 만드는 일은 꾸준히 해나갔다. 왜냐하면 그것은 스티브가 가장 좋아하는 일이기 때문이었다.

스티브 잡스가 공개한 신축 본사 건물은 외형부터 새로웠고 하나의 예술 작품이었다. 도넛 모양의 4층짜리 단독 건물로, 1만2천 명을 충분히 수용할 수 있는 규모였다.

"우리 본사 건물은 마치 우주선이 지구에 착륙해 있는 모습을 닮았습니다. 건축 학도들이 이를 보기 위해 찾아올 정도로 세계에서 가장 멋진 건물 가운데 하나가 될 것입니다. 애플의 새로운 본사 건물은 2015년에 완전한 모습을 선보일 것입니다."

스티브는 자신감에 넘쳤고 행복해 보였다. 아픈 사람이라고 믿기지 않았다. 꿈을 이루기 위해 최선을 다하는 사람만이 지을 수 있는 표정이었다.

병마와 싸우면서도 새로운 제품을 개발하려는 의지와 철학은 조금도 변하지 않았다. 스티브는 병과 싸우는 도중에도 사람들에게 이익이 되는 제품을 만들겠다는 꿈을 굳건히 지킨 것이다.

하지만 그는 우주선 모양의 새로운 본사 건물이 완성된 것을 더 이상 볼 수 없게 되었다.

23

스티브 잡스, 당신은 영원히 기억될 거예요

'우리는 당신을 잊지 못할 것입니다.'

'당신의 모든 것에 고마움을 전합니다.'

'신의 가호가 있기를.'

2011년 10월 5일, 미국 캘리포니아 주 쿠퍼티노 시의 인피니트 루프 가에 있는 애플 본사의 한쪽 벤치에는 소박한 추모 공간이 마련되었다.

추모 공간에는 꽃다발과 촛불, 애도의 글이 적힌 카드들과 애플의 상징인 사과 등이 수북이 쌓여 갔다. 궂은 날씨에도 그곳을 찾는 사람들의 발길이 멈추지 않았다.

그리고 사옥 중앙에 있는 국기 게양대에는 미국 국기와 캘리포니아 주 깃발, 애플의 회사기가 모두 조기(弔旗)로 내걸려 있었다.

시대를 열었다는 평가를 받은 스티브 잡스, 늘 미래를 향해 한걸음 먼저 걸어간 '혁신의 아이콘'으로 불렸던 애플의 CEO 스티브 잡스가 결국 병과의 싸움에서 지고 만 것이다.

8년간의 투병 기간에도 자신이 좋아하는 일을 하며 오히려 에너지와 정신력을 얻었지만, 목숨은 사람의 힘으로 어찌할 수 없었던 것이다.

스티브가 세상을 떠난 후에도 직원들은 평소처럼 부지런히 일했다. 하지만 표정은 어두웠고 굳어 있었다. 슬픈 얼굴을 하고 넋이 나간 듯 걸어가는 직원도 있었다.

다음 날도 그다음 날도 추모 행렬이 이어졌다. 추모 공간은 애플사에만 마련된 것이 아니었다. 명품 거리로 유명한 뉴욕

맨해튼 5번가에 있는 애플 매장 앞도 어느새 추모 공간이 되었다.

그곳에도 많은 추모객이 가져다 놓은 국화, 장미 등의 꽃다발과 촛불, 애플의 상징인 수십 개의 사과, 하트 모양의 풍선, 고인의 명복을 비는 글귀 등이 놓여 있었다.

사람들의 눈길을 가장 많이 끈 글귀 중 하나는 다음과 같았다.

'나는 스티브를 사랑한다(iLove Steve)'

문장의 첫 글자는 대문자 'I'가 아니라 아이팟(iPod), 아이폰(iPhone), 아이패드(iPad) 등 애플의 제품을 상징하는 소문자 'i'로 시작했다. 소문자 'i'를 만든 주인공이 돌아올 수 없다는 사실에 슬퍼하며 스티브에 대한 그리움과 사랑을 아주 상징적으로 보여 주는 글귀였다.

뉴욕 시민은 물론 미국의 다른 지역에서 온 추모객들과 다른 나라에서 온 관광객들까지 스티브를 그리워했고, 미국 언론은 스티브의 추모 행렬을 연일 취재했다.

온라인에서도 스티브의 죽음을 애도하는 분위기가 넘쳤다. 네티즌들은 그해 10월 14일을 스티브 잡스 추모의 날로 정하고, 검은색 터틀넥 셔츠를 입고 찍은 사진을 올리거나 그가 세상에 남긴 영향력에 대해 이야기했다.

스티브 잡스를 그리워하는 마음은 책과 영화 등으로도 이어졌다. 스티브의 죽음을 애도하고 그를 기억하고자 하는 몸짓들이 세계 곳곳에서 다양한 모습으로 나타난 것이다. 헝가리에는 이례적으로 스티브 잡스 동상이 세워지기도 했다.

스티브 잡스가 사망한 지 몇 개월이 지난 2012년 2월 24일, 트위터에는 하루 종일 생일 축하 글들로 넘쳤다. 이것은 전 세계에서 일어난 일이었다. 바로 스티브의 57번째 생일을 축하하는 내용의 글이었다. 만약 그가 살아 있었다면 57개의 촛불이 꽂힌 케이크 앞에서 축하 노래를 들었을 것이다.

스티브 잡스를 그리워하고 기억하는 세계 곳곳의 사람들이 그의 생일을 축하하는 글을 트위터에 올렸다.

"잡스, 생일을 축하해요. 온 세상이 당신을 그리워하고 있어요."

한 네티즌은 아이팟, 아이폰, 아이패드를 내놓은 그의 업적을 기리며 "아이천국(i-Heaven)에서 즐겁게 살기를 바란다"고 기원했다. 이외 수많은 네티즌이 "세상을 바꿀 수 있다고 생각할 만큼 충분히 미친 자들만이 세상을 바꾼다!"를 비롯한 잡스의 명언들을 트위터에 옮겨 적으며 잡스에 대한 그리움을 달랬다.

유명 기업들까지 이례적으로 그의 생일을 축하했다.

제너럴 일렉트릭(General Electric)은 자사의 공식 트위터 계정으로 "당신 없이는 혁신도 이전과 같지 않을 겁니다"라는 글을 남겼다.

　스티브 잡스의 생일 축하는 온라인에서만 이뤄진 것이 아니었다. 뉴욕에 있는 애플 매장 앞에서는 생일 파티가 열리기도 했다. 잡스를 기억하는 사람들이 애플 매장 앞에 모여 그를 그리워하는 마음을 보여 주었다. 미국은 물론이고 전 세계 많은 나라에서 수많은 사람이 모여 그의 생일을 축하하며 그의 업적을 칭찬하고 그를 그리워했다. 우리나라에서도 애플사 제품을 파는 한 매장에서 그의 생일 파티가 열렸다.

　'1955~2011'이라는 숫자와 검은색 터틀넥을 입은 흑백 사진으로만 남은 스티브 잡스는 너무나 많은 것을 남기고 떠났다.

　"스티브가 애플에 심어 준 DNA는 앞으로도 계속 이어질 것입니다"라는 애플사 한 직원의 말처럼 스티브 잡스가 남긴 것들은 세상을 놀라게 한 제품으로, 그리고 한 시대를 이끌었던 정신으로 영원히 기억될 것이다.

부록

더 알고 싶어요 ❶ 스티브 잡스가 세상을 바꾼 물건들

더 알고 싶어요 ❷ IT 분야에서 성공한 사람들

더 알고 싶어요 ❸ 스탠퍼드 대학 졸업 연설문

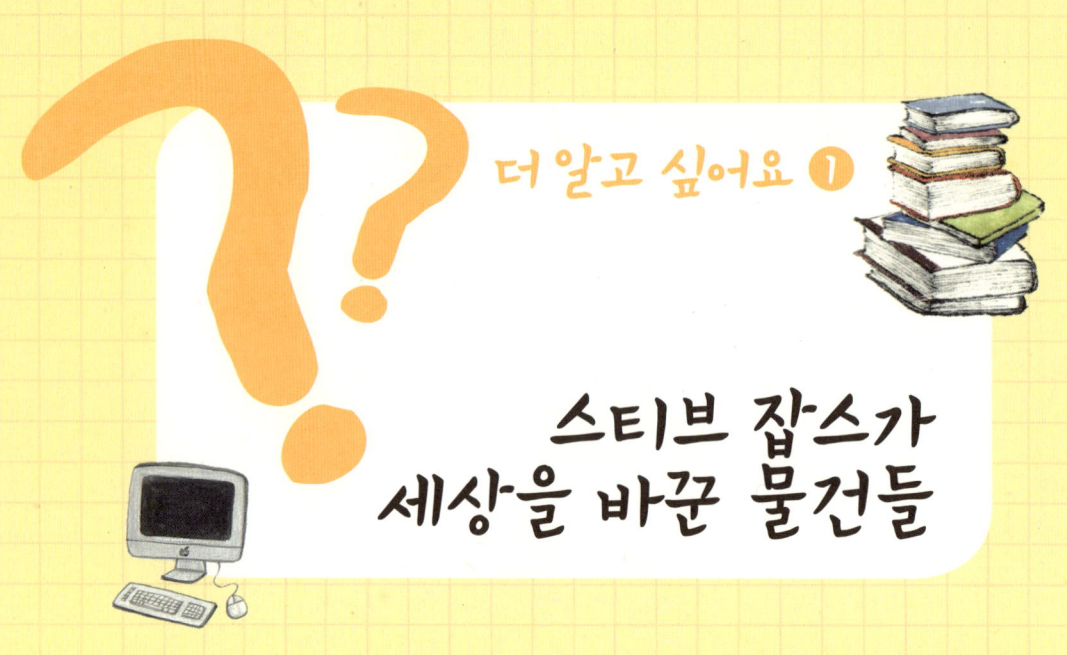

더 알고 싶어요 ❶

스티브 잡스가 세상을 바꾼 물건들

❓ 애플컴퓨터 I (1976)

애플컴퓨터 I 은 1976년 스티브 워즈니악과 스티브 잡스가 개발한 8비트* 퍼스널 컴퓨터*입니다. 처음 애플컴퓨터 I 은 키보드와

* **8비트(8bit)** | 비트는 컴퓨터의 정보를 세는 작은 단위입니다. 1비트에서는 '0'과 '1' 두 개로 표시되며, 2비트에서는 '00', '01', '10', '11' 네 개의 값으로 표시됩니다. 그래서 8비트 PC라 하면 한 번에 8비트씩 작업을 수행하는 것을 말합니다.
* **퍼스널 컴퓨터(Personal Computer)** | 개인이 사용할 수 있게 만들어진 컴퓨터이며, 값이 싸고 사용하기에도 어렵지 않습니다.

모니터가 없는 회로 기판 상태였습니다. 당시 이것을 주문했던 폴 테럴은 완전히 조립된 컴퓨터를 기대했지만, 워즈니악과 잡스는 회로 기판을 완제품으로 여겼던 것이죠.

그해 말 애플컴퓨터Ⅰ은 우리 돈으로 약 1억 원 정도의 매출을 기록하였습니다. 워즈니악과 잡스는 첫 성공에 자신감을 얻은 이후 애플컴퓨터Ⅰ를 발전시켜 애플컴퓨터Ⅱ를 만듭니다. 애플컴퓨터Ⅱ는 명령어를 모르는 사람도 누구나 쉽게 컴퓨터를 사용할 수 있게 만들어졌습니다. 당시 전체 개인용 컴퓨터 시장의 3분의 1을 차지할 정도로 많이 팔렸습니다.

❓ 리사(1983)

스티브 잡스는 애플컴퓨터Ⅰ과 애플컴퓨터Ⅱ를 통해 큰 성공을 거두었습니다. 그리고 잡스는 자신이 직접 컴퓨터를 만들기로 결심하였습니다.

1983년 드디어 자신의 딸 이름을

붙인 '리사(LISA)'라는 이름의 애플컴퓨터Ⅲ가 탄생하였습니다. 리사는 키보드로 명령어를 일일이 입력하지 않고 마우스 클릭만으로 컴퓨터를 사용할 수 있다는 점에서 훌륭했습니다.

하지만 1만 달러나 되는 비싼 가격 때문에 잘 팔리지 않았습니다.

❓ 매킨토시(1984)

매킨토시 프로젝트는 1970년대 후반, 당시 애플 직원이었던 제프 레스킨이 누구나 쉽게 컴퓨터를 사용할 수 있게 하자는 뜻으로 시작하였습니다. 이것은 스티브 잡스의 관심을 끌기 충분했는데, 그 이유는 GUI* 기술을 사용하는 매킨토시가 세상을 놀라게 할 컴퓨터가 될 것이라고 생각했기 때문입니다.

드디어 1984년 1월 24일, 매킨토시가 세상에 나왔습니다. 아이콘, 메뉴, 마우스

 *GUI(Graphical User Interface) | 그림이나 기호 등의 그래픽을 이용해서 컴퓨터를 운영하는 방식입니다. 사용자는 마우스 클릭만으로 컴퓨터 작업을 할 수 있습니다.

등과 같은 GUI 시스템으로 컴퓨터를 사용할 수 있다는 점이 매력적이었습니다. 하지만 이에 맞는 프로그램이 부족하여, 시간이 지날수록 매킨토시의 주문량은 급격히 떨어졌습니다.

결국 매킨토시 프로젝트는 실패로 돌아갔습니다. 이 때문에 스티브 잡스는 회사에서 쫓겨나고 맙니다.

하지만 꾸준한 개발로 지금은 애플사를 대표하는 모델이 되었습니다. 현재 매킨토시는 줄여서 맥(Mac)이라 불리며, 사람들에게 끊임없는 관심을 받고 있습니다.

❓ 토이 스토리(1995)

회사에서 쫓겨난 스티브 잡스는 〈스타 워즈〉를 만든 조지 루카스 감독에게서 루카스 필름의 컴퓨터 그래픽 팀을 맡아, 회사 이름을 '픽사'라고 짓습니다.

잡스는 픽사에서 세계 최초 3D 애니메이션 장편 영화를 만들겠다고 다짐하였습니다. 그러다가

월트 디즈니 프로덕션*에서 함께 장편 애니메이션을 만들어 보자는 연락이 왔고, 픽사는 디즈니와 손을 잡고 최고의 3D 애니메이션을 만듭니다.

1995년, 픽사는 〈토이 스토리〉*로 엄청난 흥행 신화를 이룩하였습니다. 100퍼센트 컴퓨터 그래픽으로 완성된 이 영화는 애니메이션의 혁신으로 불렸습니다. 무엇보다 잡스는 〈토이 스토리〉를 통해 아이들뿐만 아니라 어른들까지 좋아하는 애니메이션을 만들겠다는 꿈을 이루었습니다.

? 아이맥(1998)

애플로 돌아온 스티브 잡스는 기술이 아닌 감성으로 사람들의 마음을 사로잡아야 한다는 것을 깨달았습니다. 이러한 생

- 월트 디즈니 프로덕션(Walt Disney Productions) | 애니메이션, 영화 등을 제작하는 회사입니다. 당시 컴퓨터 그래픽 회사였던 픽사와 손을 잡고 영화에 컴퓨터 기술을 결합한 애니메이션을 만들었습니다. 1995년 〈토이 스토리〉(Toy Story)의 흥행에 이어 〈벅스 라이프〉(A Bug's Life, 1998), 〈몬스터 주식회사〉(Monsters, Inc., 2001), 〈니모를 찾아서〉(Finding Nemo, 2003) 등의 대표작을 내놓았습니다.
- 영화 〈토이 스토리〉 | 1995년 월트 디즈니 프로덕션과 픽사 애니메이션 스튜디오가 장난감들의 세계를 담은 애니메이션입니다.

각으로 완성한 것이 '아이맥'입니다.

잡스가 처음 선보인 형태인 아이맥은 그 디자인이 매우 독특했습니다. 반투명과 화려한 원색이 어우러진 플라스틱 케이스 안에 모니터가 들어 있었으며, 뒤는 외계인의 솟은 머리를 닮아 있었습니다.

아이맥은 디자인뿐만 아니라 가격도 싸고, 기술에서도 혁신적이었습니다. 과감히 플로피 디스크 드라이브*를 없애고 CD-ROM*을 넣었는데, 기존의 관념을 깨트림으로써 많은 사람의 관심을 받았습니다.

❓ 아이팟(2001)

아이팟은 휴대용 디지털 음악 재생기로, 디자인과 기술에

*플로피 디스크 드라이브와 CD-ROM | 플로피 디스크는 적은 데이터를 저장하기 위해 사용되었습니다. 그런데 많은 양을 저장해야 하는 환경에서 플로피 디스크는 그리 유용하지 않았고, 1987년 이후로 자취를 감추었습니다. 이러한 문제점을 해결할 수 있는 장치 중 하나가 CD-ROM입니다. CD-ROM은 대용량의 정보를 기록하고 저장할 수 있어 매우 유용합니다.

서 모두 뛰어났습니다. 우아하면서도 심플한 디자인을 갖춘 아이팟은 누구나 쉽게 음악을 즐기도록 하였습니다. 하지만 아이팟이 인기를 끈 가장 큰 이유는 '아이튠즈* 스토어'라는 서비스 때문이었습니다. 개인이 직접 음악
파일을 얻어야 했던 기존 MP3 플레이어*와 달리 아이팟은 아이튠즈 스토어에서 양질의 음악을 손쉽게 받을 수 있었습니다.

아이팟은 2004년 말을 기준으로 전체 MP3 플레이어 시장의 70퍼센트 이상을 차지하며 시장을 선도하였습니다.

이후 아이팟 미니, 아이팟 셔플, 아이팟 터치 등으로 발전하면서 MP3 플레이어의 대명사가 되었습니다. 그리고 스티브 잡스 또한 아이팟과 아이튠즈로 디지털 시대의 아이콘으로 최고가 될 수 있었습니다.

* 아이튠즈 | 애플에서 나온 디지털 미디어 플레이어입니다. 우리에게는 아이팟과 아이폰, 그리고 아이패드에서 사용할 수 있는 다양한 프로그램을 관리하는 것으로 알려져 있습니다. 노래를 비롯하여 뮤직비디오, 방송 프로그램, 영화 등을 쉽고 편하게 즐길 수 있습니다.
* MP3 플레이어 | MP3 음악 파일을 저장하여 들고 다니면서 들을 수 있는 휴대용 음악 기기입니다.

? 아이폰(2007)

2000년대에 들어와 사람들이 다양한 기능을 원하기 시작하자, 스티브 잡스는 모든 종류의 오락을 담은 스마트한 물건을 만드는 데 온 열정을 쏟았습니다.

그리고 2007년 1월, 전 세계적으로 선풍적인 인기를 끌며 스마트 시대를 연 아이폰을 만들었습니다. 아이폰은 통화는 물론 멀티미디어를 재생하고 모바일 인터넷까지 가능하게 한 스마트폰입니다.

아이폰은 손가락의 터치만으로 작동되는 터치스크린 방식이기 때문에 초보자들도 쉽게 사용할 수 있었습니다. 큰 화면에 버튼이 없는 아이폰은 전화기처럼 생기지 않아 디자인 그 자체만으로도 사람들의 시선을 끌었고, 무엇보다 앱스토어*를 통해 다양한 프로그램을 사용할 수 있다는 점에서 뛰어났습니다.

이후 애플은 현재 아이폰 6G까지 지속적으로 세상에 내놓으면서 우리에게 스티브 잡스를 기억하게 하고 있습니다.

* 앱스토어 | 애플사에서 운영하고 있는 서비스입니다. 이용자는 여기에서 직접 콘텐츠와 응용 프로그램을 사고팔 수 있습니다.

❓ 아이패드(2010)

아이폰으로 스마트폰 시장을 휩쓴 애플은 2010년 1월, 아이폰의 특징을 이은 태블릿 컴퓨터인 '아이패드'를 세상에 내놓았습니다.

아이패드는 사용하기 쉽고 디자인이 심플하며 많은 콘텐츠를 담고 있기 때문에 큰 인기를 끌었습니다.

일부에서는 아이패드가 아이폰에서 화면만 커진 상태로, 가격도 비싸면서 성능도 떨어진다며 부정적으로 보기도 하였습니다. 하지만 아이패드의 출시로 이전까지는 주목받지 못했던 태블릿 컴퓨터 시장이 본격적으로 열렸다는 점에서 그 영향력을 무시할 수 없을 것입니다.

기세를 몰아 2011년에는 아이패드2를, 2012년에는 아이패드3(뉴아이패드)를 만들며 꾸준한 사랑을 받고 있습니다.

더 알고 싶어요 ❷

IT 분야에서 성공한 사람들

❓ 빌 게이츠

빌 게이츠(Bill Gates)는 21세기 정보 기술 시대를 이끈 마이크로소프트(Microsoft)의 창업자입니다. 어린 시절 못 말리는 독서광이었던 빌 게이츠는 열 살이 되기 전에 백과사전을 독파하기도 했습니다.

빌 게이츠는 '오늘날의 나를 만든 것은 동네 도서관'이라고 말할 정도로 지금도 평일에는 최소한 1시간, 주말에는 3~4시간 동안 책을 읽으려고 노력합니다.

청소년 시절의 빌 게이츠는 컴퓨터 프로그램을 만드는 것에 열중하였습니다. 그가 만든 프로그램 중에는 웃음을 자아내는 것도 있습니다. 여학생이 자기 반의 대다수를 차지하는 반 편성 프로그램을 만들기도 했고, 고등학생 때는 폴 앨런*과 함께 교통량을 분석하는 프로그램을 만들기도 했습니다.

1975년, 하버드 대학교를 다니던 빌 게이츠는 학교를 나와 폴 앨런과 함께 마이크로소프트를 만들었습니다. 그리고 수많은 시도 끝에 '윈도우즈(Windows)' 운영 체제를 세상에 내놓았습니다.

현재 그는 회사에서 물러나 빌&멜린다 게이츠 재단*을 만들어 따뜻한 세상을 만들기 위해 노력하고 있습니다.

* **폴 앨런** | 빌 게이츠와 함께 마이크로소프트를 만들었습니다. 폴 앨런은 컴퓨터뿐만 아니라 요트, 우주선, 농구, 음악 등 다양한 것에 관심을 가지며 폭넓게 활동하고 있습니다.
* **빌&멜린다 게이츠 재단** | 1994년에 게이츠 부부가 만든 자선 재단으로, 국제적 보건 의료 확대와 빈곤 퇴치 등을 목적으로 운영되고 있습니다.

❓ 래리 페이지와 세르게이 브린

래리 페이지(Larry Page)와 세르게이 브린(Sergey Brin)은 온라인 세계의 '공룡'이라고 불리는 구글(Google)을 창업한 사람들입니다.

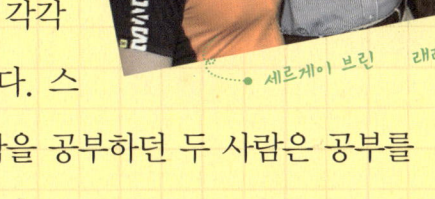
세르게이 브린   래리 페이지

페이지와 브린은 1973년 각각 미국과 러시아에서 태어났습니다. 스탠퍼드 대학원에서 컴퓨터 공학을 공부하던 두 사람은 공부를 그만두고 친구의 차고를 빌립니다.

그곳이 바로 현재 전 세계 검색 시장의 3분의 2를 차지하고 있는 구글이 시작된 곳입니다. 페이지와 브린은 1998년 구글을 창업한 뒤에도 다양한 서비스를 제공하기 위해 노력하고 있습니다.

❓ 마크 주커버그

마크 주커버그(Mark Zuckerberg)는 현재 세계 최고의 '소통'

공간인 페이스북(Facebook)을 만들었습니다. 1984년 미국에서 태어난 주커버그는 어린 시절 아버지가 운영하는 치과 사무용 프로그램을 개발할 정도로 IT에 소질이 있었습니다.

2002년 하버드 대학교에 입학한 주커버그는 학교생활을 하면서 친구들끼리 연락처를 서로 공유하고 편리하게 주변 사람들을 관리할 수 있었으면 좋겠다는 생각을 했습니다. 이러한 생각에서 탄생한 것이 바로 페이스북이었습니다. 처음에는 하버드 대학교 학생들만 이용할 수 있었는데, 지금은 전 세계 전 계층의 사람들이 이곳에서 소통하고 있습니다.

❓ 손정의

손정의는 세계적인 인터넷 재벌로 떠오른 일본 소프트뱅크(SoftBank)의 창업자입니다. 그는 1957년 일본 남단 규수, 가난한 재일 한국인이 모여 살던 번지수도 없는 집에서 태어났습니다. 어린 시절 '조센징'이라 불리며 놀림을 받았던 손정의는 일본 사회에서 한국인으로 살아가는 아픔을 겪었습니다. 그러한 아픔은 그를 일본에서 최고로 존경받는 기업가로 만들었습니다.

열여섯 살 때는 미국으로 유학을 떠났는데, 무려 2주일 만에 고등학교 전 과정을 돌파하고, 버클리 대학교 경제학부에 진학하였습니다.

1981년, "정보 혁명으로 전 세계인을 행복하게 만들고 싶다"는 열망으로 두 명의 아르바이트생과 함께 회사를 만들었습니다. 그 회사는 현재 일본 최대의 소프트웨어 유통 회사이자 IT 투자 기업으로 성장하여 손정의를 영향력 있는 인물로 이끌기도 했습니다.

도전과 실패 속에서도 늘 새로운 도전을 하는 손정의는 지금도 더 나은 미래를 위한 노력을 멈추지 않고 있습니다.

스탠퍼드 대학 졸업 연설문

"인생의 세 가지 전환점"
(2005년 6월 12일 스탠퍼드 대학)

세계 최고의 스탠퍼드 대학 졸업식에 참석하게 된 것을 영광으로 생각합니다. 오늘 여러분께 제가 살아오면서 겪었던 세 가지 이야기를 들려드릴까 합니다.

첫 번째 이야기는 인생의 전환점에 관한 것입니다. 저는 리드 대학에 입학하고 6개월 뒤에 학교를 그만두었습니다. 왜 그랬을까요?

　그 대답을 하려면 제가 태어나기 전으로 거슬러 올라가야 합니다. 제 친어머니는 대학원에 다니던 젊은 미혼모였고 저를 입양시키기로 결심했습니다. 친어머니는 제가 반드시 대학을 나온 양부모에게 입양되길 바랐어요.

　그런데 나의 양어머니는 대학을 나오지 않았고 양아버지는 고등학교도 나오지 않았다는 걸 친어머니가 알게 된 겁니다. 그래서 친어머니는 입양 서류에 사인하는 걸 거부했어요. 몇 달 후 제 양부모님이 저를 꼭 대학에 보내겠다는 약속을 한 후에야 마음이 누그러졌죠. 이것이 제 인생의 시작이었습니다.

　그리고 17년 후, 저는 대학에 입학했습니다. 저는 스탠퍼드만큼 학비가 비싼 리드 대학을 골랐지요. 그런데 저는 대학이 그만한 가치가 없다는 생각을 하였습니다. 내가 진정으로 원하는 게 무엇인지 대학 교육이 내 인생에 얼마나 도움이 될지 몰라 학교를 그만두기로 결심했습니다.

　학교를 그만두고 나서 재미있어 보이는 강의를 들었습니다. 그중 하나가 서체와 관련된 강의였습니다.

　당시 리드 대학은 미국에서 가장 뛰어난 서체 교육을 하고 있었습니다. 학교 곳곳에 붙어 있는 포스터의 글씨는 너무나 아름다웠지요.

저는 서체에 대해 배워 보기로 했습니다. 그때 세리프와 산세리프체를 배웠는데, 서로 다른 문자가 어우러지면서 굉장히 멋진 글씨체가 되는 것을 보았습니다.

사실 이것이 제 인생에 어떤 도움이 될지는 상상하지 못했습니다. 그러나 10년 후, 매킨토시 컴퓨터를 처음 구상할 때 그때의 경험들이 떠올랐죠. 우리는 맥 안에 이 모든 것을 넣었습니다. 그 결과, 맥은 아름다운 타이포그래피를 지원하는 첫 번째 컴퓨터가 될 수 있었습니다.

만약 제가 학교를 그만두지 않았다면, 서체 수업을 듣지 못했을 것이고 오늘날 개인용 컴퓨터가 아름다운 서체를 지원하지 못했을지도 모릅니다.

지금 여러분은 자신의 미래를 알 수 없을 겁니다. 다만 현재와 과거의 사건들은 연관시켜 볼 수 있겠지요. 현재의 순간들은 미래에 어떤 식으로든 연결된다는 걸 알았으면 좋겠습니다.

두 번째 이야기는 사랑과 상실에 대한 것입니다.

저는 운 좋게도 정말 하고 싶은 일을 일찍 발견했습니다. 스무 살 때 차고에서 워즈니악과 함께 애플을 시작했죠. 우리는 열심히 일했고, 그 덕에 두 명으로 시작한 사업은 10년 후 4천 명의 직원이 있는 200억 달러짜리 기업이 되었습니다. 제가 스물아홉 살 때는 최고의 작품인 매킨토시를 출시했습니다. 그리고 그다음 해 저는 해고를 당했습니다.

몇 개월 동안 아무것도 할 수 없었습니다. 하지만 여전히 제 일을 사랑하고 있었고, 저는 다시 시작하기로 했습니다. 애플에서 해고를 당한 것은 제 인생 최고의 사건이었습니다.

5년 동안 저는 넥스트와 픽사를 세웠습니다. 픽사는 세계 최초의 컴퓨터 애니메이션 영화인 〈토이 스토리〉를 만들었고, 이후 세계에서 가장 유명한 애니메이션 제작사가 되었습니다. 그 덕분에 저는 애플로 다시 돌아갈 수 있었습니다.

만약 제가 애플에서 쫓겨나지 않았다면 이 모든 일은 일어나지 않았을 겁니다. 여러분의 신념을 잃지 마세요. 제가 포기하지 않고 계속 나아갈 수 있었던 유일한 힘은 제가 하는 일을 사랑했기 때문입니다. 여러분은 자신이 정말 사랑하는 일을 스스로 찾아야 할 것입니다.

세 번째 이야기는 죽음에 관한 겁니다.

열일곱 살 때 이런 글을 읽었습니다. "만약 하루하루를 인생의 마지막 날처럼 살아간다면 언젠가는 틀림없이 성공할 것이다." 이 글에 감명을 받은 저는 33년 동안 매일 아침 거울을 보며 말했습니다. '오늘이 내 인생의 마지막 날이라면 오늘 내가 하려고 했던 일을 할 것인가'라고 말이죠. 그리고 '아니오'라는 대답이 여러 날 계속되면 변화가 필요한 때라는 걸 깨달았습니다.

일 년 전쯤에 저는 암 진단을 받았습니다. 췌장에 악성 종양이 있었지요. 의사들은 고칠 수 없다고 말하며, 집으로 돌아가 정리를 하라고 했습니다. 죽음을 준비하라는 뜻이었죠. 그런데 세포를 분석한 결과, 다행히도 치료가 가능한 췌장암이었습니다. 저는 수술을 받았고 지금은 괜찮습니다.

그때만큼 제가 죽음에 가까이 가 본 적은 없는 것 같습니다. 이런 경험을 해 보았기에 지금 여러분에게 죽음이 때로는 유용하다는 것을 더 정확하게 말할 수 있습니다.

여러분의 삶(시간)은 기다려 주지 않습니다. 그러니까 인생을 낭비하지 마세요. 다른 사람들의 생각에 얽매이지 마세요.

가장 중요한 것은 여러분의 마음과 직감을 따르는 용기를 가지는 것입니다.

　제가 20대 때, 스튜어트 브랜드의 《지구백과》라는 책을 읽은 적이 있습니다. 그 책의 뒤표지에는 이른 아침의 시골길 사진이 있었습니다. 그 밑에 이런 글이 적혀 있었어요. "늘 갈망하라. 어리석을만큼." 그리고 저 자신에게 늘 그렇게 말하곤 했습니다. 그리고 저는 이제 새로운 시작을 앞둔 여러분에게도 이 말을 해 주고 싶습니다.

"늘 갈망하라. 어리석을만큼."
(Stay Hungry. Stay Foolish.)

교과서와 이렇게 연결돼요!

초등 미술 3·4학년	11. 영상 표현	스티브 잡스가 만든 〈토이 스토리〉는 컴퓨터 그래픽 기술로 만든 애니메이션입니다. 애니메이션이 무엇인지 이해하고 직접 움직이는 그림을 만들어 봅시다.
초등 도덕 5학년	6. 돌아보고 거듭나고	스티브 잡스는 수많은 실패를 겪지만 좌절하지 않고 자신의 삶을 반성하면서 새로운 계획과 실천 의지를 가지려고 노력하였습니다. 반성의 의미를 알고, 더욱 성숙하기 위해서 계획을 세워 봅시다.
초등 도덕 6학년	1. 귀중한 나, 참다운 꿈	스티브 잡스가 성공할 수 있었던 것은 자신이 원하는 바를 향해 꾸준히 노력하였기 때문입니다. 자신이 진정으로 좋아하는 일을 찾고 꿈을 실현하기 위한 방법들을 생각해 봅시다.
초등 도덕 6학년	6. 용기, 내 안의 위대한 힘	스티브 잡스는 주위의 부정적인 시선에도 아랑곳하지 않고 자신의 꿈을 좇았습니다. 어려움과 두려움 속에서도 나를 발전시키기 위해 필요한 용기의 힘에 대해 이야기해 봅시다.

초등 실과 5학년	6. 정보 기기와 사이버 공간	우리는 일상생활에서 다양한 정보 기기를 사용하고 있습니다. 그리고 그것은 스티브 잡스가 만들어 낸 창조물입니다. 자신이 사용하는 정보 기기를 자세하게 살펴봅시다.
초등 실과 6학년	6. 인터넷과 정보	스티브 잡스는 타계 이후에도 많은 사람의 사랑을 받았습니다. 인터넷을 통해 스티브 잡스에 대해 검색하고 친구들과 정보를 전달하고 공유해 봅시다.
초등 실과 6학년	7. 일과 진로	스티브 잡스는 항상 긍정적인 태도로 자신의 일을 대하고 자신과 타인, 사회를 변화시켰습니다. 일과 직업에 대해 생각하고 나의 진로 계획을 짜 봅시다.
초등 사회 6학년 2학기	3. 정보화, 세계화, 그리고 우리	스티브 잡스가 만든 물건들은 우리 사회를 편리하게 만들었습니다. 우리 사회에 미친 영향을 생각해 보고 20년 후에는 우리의 삶이 어떻게 변할지 예상해 봅시다.

사진제공
연합뉴스 : 203, 205, 206, 207쪽

롤모델시리즈 어린이판
나의 롤모델은 스티브 잡스

초판　　　　　　2012년 9월 28일 (명진출판)
개정판 1쇄 발행　2015년 7월 15일

지은이 이혜경
발행인 김동업

출판 브랜드 움직이는서재
주소 135-880 서울시 강남구 삼성로 512, 10층
주문 및 문의 전화 (031)977-5364 (代) | 팩스 (031)977-5365
독자 의견 및 투고 원고 이메일 momandjoy@naver.com

발행처 (주)북파크　출판등록 제2015-000081호

ISBN 979-11-86592-06-9　　73810
책값은 뒤표지에 있습니다. 파본은 바꾸어 드립니다.
움직이는서재는 (주)북파크의 출판 브랜드입니다.